精撰
社長の手帳

佐藤 満
Sato Mitsuru

論創社

はじめに

　学校を卒業した年に、3～4か月の予定でヨーロッパへ貧乏旅行に出かけたのですが、旅の半ばのローマで有り金を盗まれ、当初予定していたフランスのマルセイユから神戸の船旅での帰国をあきらめ、陸路日本へ帰ることを決意しました。それからはユースホステルに泊まるお金もなく、ローマの公園のベンチや橋の下で野宿して過ごしました。

　手元にあった船の切符をやっと現金化し、英国、アイルランド、スペイン、ポルトガル等、ヒッチハイクをしながら旅を続けました。ポルトガルにいたとき、どういうルートで帰国すればよいかと地図を見て考え、「北アフリカ経由でモロッコからエジプトへ行こう」と決め、モロッコへ渡りました。

　「カスバの女」の一節で「ここは地の果てアルジェリア」と唄われたアルジェリアまで来たとき日本人と会い、ひょんなことから二人で道路に座って物乞い(アラビア語でバクシーシ)をするハメになりました。道端に座っていればお金がもらえるバクシーシ生活をしながら旅を続

け、イラクのバクダッドで偶然通りかかった日本人ビジネスマンに、路上生活の半年分に相当する大金を恵んでもらったのです。

　私は自分がしていることを恥じ、「国際ビシネスマン」になって世界を股にかけた仕事がしたいと強く思いました。帰国後、自分の「夢」を実現する第一歩として、大阪の小さな貿易商社に職を得ましたが、業績不振のため2年でリストラされてしまいました。よく考えると、リストラの原因は会社の業績不振ですが、**私が会社に貢献していないこともクビにされた一因だと気がついたのです**。存在価値のあるほうが重要視され、存在価値が薄いと軽く扱われることを、身をもって体験しました。

　そして、小さな商社を経、新聞の求人広告に載っていたホンダに途中入社しました。ホンダのブラジル法人、中近東部を経験し、42歳で設立7か月目のホンダカーズタイランド社の社長に任命されました。最後発であったホンダは当時、タイでのシェアが低迷していました。特別の努力をしていなかった私はこの任命を【向か

い風】と受け取り、私なりに奮起しました。

　タイで一念発起して学んだことは、**「他人・環境責任論」から「原因自分論」への転換でした。どんな状況でも、環境や他人（上司や部下）のせいにしないで実績を出すことがいかに大切かということです。**

　その基本的な考え方やものの見方等を私なりにまとめたのが『社長の手帳』と『社長の手帳2冊目』でした。おかげさまで大きな反響をいただきました。この2冊を統合再編集し、加筆、訂正してまとめたのが、『精撰社長の手帳』であります。

　今回は各々の項目に□を入れ、読者の皆様が「この項目はクリアできているか」を、自分でチェックできるようなレイアウトにいたしました。出典があいまいな項目もありますが、メモを取ったときの漏れであります。その点お詫びいたします。

　前向きに取り組んでおられる読者の方々の背中を、チョット押す役割ができましたら幸甚に存じます。

はじめに ……… 3

ステップ1 **目標** ……… 9

目標は成長のための第一歩。

どのような目標を立てるべきか。

目標達成のために必要なことは何か。

コラム＊1 鬼十則　48

コラム＊2 つく人の特性　50

ステップ2 **実行** ……… 51

行動を起こさないとはじまらない。

実行するにあたって気をつけたいことは何か。

どのような信念を持って実行すべきか。

コラム＊3 アメリカのある大学の図書館に

貼られていた紙 ……… 104

コラム＊4 成功への七つ道具 ……… 106

ステップ3 **交渉** ……… 107

社会で生きていくためには、
コミュニケーションは欠かせない。
会社内外での交渉を有利に進めるために
忘れてはならない重要なポイントとは。
対人関係をスムーズにするための
心の持ち様とヒント。

コラム*5 感性を高める10か条 ……… 158

コラム*6 人を観察し、人の心を読む
七つのステップ ……… 159

コラム*7 実用文十訓 ……… 160

ステップ4 **評価** ……… 161

内省のときをもって、人は成長する。
当初の目標を果たせたか、
一度立ち止まって自分を振り返ろう。
進化・成長を確実なものにするための
判断材料とは何か。

コラム*8 日建設計を卒業するための
60の「力」……… 200

コラム*私に「気づき」をくれた本 ……… 202

おわりに ……… 205

ステップ 1

目標

目標は成長のための第一歩。

どのような目標を立てるべきか。

目標達成のために必要なことは何か。

1

☐ 目標とは予測ではなく、意志である

　目標とは、「こうしたい」という見通しや希望ではなく、「こうするのだ」という強い気持ち、意志なのです。目標を定めたら、必ずそこに到達すると強く意識することで、がんばれると思います。目標は達成するために立てるものです。途中であきらめたり、投げ出してしまうようなものは、目標とはいえないとの言葉です。また、必ず達成できるような低い目標でもいけません。自分の実力よりも少しだけ高く設定し、達成するまでがんばるという強い意思をもって臨むことで、自らをレベルアップさせることができるのです。私はこの言葉にふれてハッとし、以上のようなことに思いいたったのです。

2 □ あなたが自分の行きたい高さを決めれば、そこがあなたの行くところである

　20代初め、世界貧乏旅行の途中、イラクのバグダッドで物乞いをしていたころのことです。見知らぬ日本人ビジネスマンが、半年分の生活費に相当するような大金を恵んでくれました。アフリカのアルジェリアではじめた物乞い生活で、人から恵まれることに慣れはじめていたころでした。そのとき私は、「恵まれる側の人間を続けていてはいけない。彼のような世界に通用する国際ビジネスマンになろう」と決意しました。

　40代の前半になり、この言葉を見つけたときに、そんな自分の経験が思い出されました。「こうなりたい」「こうありたい」という方向性を決めること、それが第一歩となるのです。

　なかなか将来を描けない人が多いとも聞きますが、漠然とでもいいから、まずは方向性を決める努力することは第一歩だと思います。

3

ステップ1　目標

ありたい自分の姿
（あるべき自分の姿より ありたい自分の姿）

1. ☐ 新鮮な心で物事を素直に受け止めることのできる感受性
2. ☐ 感じたことをどんな困難があっても実践していく行動力
3. ☐ 新しい価値や物の値打ちを生み出す創造性豊かな知恵
4. ☐ 獲物を絶対に逃がさない執念と行動力
5. ☐ 緻密な計算
6. ☐ 失敗してもあきらめない野獣のようなしぶとさ
7. ☐ 踏まれても直ぐ立ち直る雑草のようなたくましい野性味

「ありたい自分の姿」というのは、「あるべき自分の姿」とは違います。「あるべき」という語は、絶対的な何かがある場合にはいいかもしれませんが、選択の幅がある中で何かをするときは、「ありたい」というほうがふさわしいと、私は思います。

　これらすべてを達成できる人というのは、そうそういないと思います。これを手帳に書きながら、「これができる人間はパーフェクトな人間だ」「スーパーマンだ」と思ったものです。すべてクリアするのは、とてもたいへんです。ですから、「目標はでっかく！」の気持ちを象徴していると考えていいでしょう。

　目標を高いところに定めるのは、とても大事なことです。たとえ達成できなくても、低く定めて達成できたときと比べ、確実にそれより上のレベルまでいけますから。

4

☐ 成功するための四つの基本原則

1 ☐ あなたが人生で一番望んでいることを明確で簡潔な声明文として書き出す。

2 ☐ 主要目標を達成するためのあなたのプランのレイアウトを決める。

3 ☐ 目的を達成するための明確なスケジュールを組む。

4 ☐ 明確な主要目標と計画を暗記する。一日に数回、それらを繰り返し暗唱する。

こういった具体的な手法は、とても役に立つのではないでしょうか。

　そういう私は、実は現在、ここまではやっていません。ただ、毎年、年頭目標を書いて書斎の壁に貼り、携帯の重要メモに入れて、ときどき読み返しては、出来不出来をチェックしています。「1日10,000歩歩く」とか「スポーツクラブへ週1、2回行く」とか、簡単なことを10項目程度書いていますが、この方法で毎年ほぼ達成できています。何回も何回も読むことによって、その実現のための行動がとれます。この1～4を徹底すれば、確実に成果があります。いや、半分でもかなりの成果を期待できます。

　ここで重要なのは、声明文、いわゆる貼り紙を作ることです。具体的でなければなかなか書けません。自分のありたい姿やなりたい姿を書けるということは、達成の第一歩だと思います。また、「明確なスケジュール」というのも、成功の鍵と言えます。「いつまでに」という明確な時間軸の有無は、とても重要です。それがあやふやだったり、いつでもいいと思っていては、達成は難しいでしょう。時間軸を定めてこそ、達成の可能性が高くなるのです。目標＋時間軸＋信念が成功の鍵、すなわちKFS（Key Factor for Success）―成功の要となる鍵―となります。

5

□ 凡そことは準備すれば成り、準備せざれば成らず

ステップ1 目標

　研究開発にしてもコストダウンにしても納期の短縮にしても、何でも、周到な準備をしていろいろな対応をとってこそ、追い風に乗れるのでしょう。

　前頁でも述べた KFS という言葉があります。Key Factors for Success の略で、成功のための要となる鍵のことです。いくら準備をしても KFS がずれていると成功はしません。これは心得ておく必要があります。

　では、その KFS を見つけるのは何によるのか。実はこれが難しくて、つまるところ、その人のビジネスパーソンとしての勘によります。でも、感受性が豊かで問題意識が強ければ、KFS は必ず見つけられます。

　この KFS と周到な準備、その両方があってこそ、物事を成すことができるのです。

6

□ 知識のないものに
　知恵は出ず

　「幸運の女神は準備をしていたものにのみ微笑む」という言葉に通じます。知識を蓄えておけ、ということです。知恵は、突然浮かぶわけではないのです。だから、知識を拡大するというような、たとえば趣味でも何でも、極めていくと種類の違うものでも参考にできるのです。たとえば、タイでホンダの社長をしていた時代、私が勝手に選んだ仕事上のお師匠さんはバンコクのオリエンタルホテルでした。車とホテルでは、一見なんの共通点もないと思うでしょうが、その根底にはお客様満足度とか早い対応とか、付加価値を上げるとか、共通したものがあります。問題意識を強く持ち、知識を蓄えていくと、共通点も見えてきます。そうなると、関係ないようなものから得られるアイデアも湧いてくるのです。

7
☐ 必ずやれるものは目標とは言わない。目標が高いと人は伸びる、立派な知恵が出る

ステップ1　目標

　私はこの言葉によって、安易に到達できることは、目標とは言えないんだということを教えてもらいました。背伸びと言ってしまえばそれまでなのでしょうが、一体自分は背伸びをして本当に高いところにジャンプしているのだろうかと思ったわけです。

　そうすると、仮に到達できなくても、目標を低くおいた場合に比べて、かなりいい線までいくのではないかと思うのです。会社生活での地位に関係なく、このような考え方を基本にしたほうが力がつくと思います。

　もっとも、未到達の連続ではうんざりしてしまいますから、3回に1回くらいは到達可能なレベルにしてもいいかもしれません。「志ある者は事ついに成る」も私の好きな言葉です。

8

□ 目標はでっかく、行動は細心に

「着想百歩」という考え方があって、見るのはすごく先を見つつ、打つ手はきめ細かく一歩一歩進むということです。

前頁の「必ずやれるものは目標とは言わない」と、目標は、そのように本気で一生懸命やらないと到達できないような高さに設定すべきなのです。

ですが、人は何百歩もビュッと進めるものではありません。それなのに、比較的速いスピードで目標に到達している人がいますよね。そういう人は、目標を明確に定めたら、細心の行動をとるわけです。つまり、一歩一歩進みますが、その道のりを計画的に考えるので、目標までの道を迷わないのです。これは大切なことですね。

ホンダ流マネージメントの「組立四理念」の一つに「まず夢ありき」とあります。これとも共通していると思います。

ステップ1 目標

☐ 人生の企画書を作る
（長寿時代に備えて）

　多くの会社では3年先、5年先の事業計画というものを立てます。しかし、自分自身の企画書を立てる人は少ないと思います。10年後、20年後、30年後と、自分はどうなりたいのか、という企画書が立てられたら、すばらしい人生になると思います。

　私の場合、約5年ごとに転勤や転職などの転機を迎えているのですが、5年を一つの区切りとして、今後の人生のおおまかな計画を立てています。さらに1年単位で年頭目標を掲げ、計画を具体化できるようにしています。

　人生はだれのものでもなく私自身のものですから、自分がどういう道をいきたいか、どういうステップを踏みたいかを考え、それを自分の日常生活に生かしていくのです。たとえば、自分がいつまでも元気でいられるように、健康管理し、長生きできるように努める、これもまた「人生の企画書」そのものなんです。

10

□ 人間の成長：6段階
知る→分かる→やって見る→できた→成果が生まれる→習慣になる

　これは、今スタート地点にいる人に対しても贈りたい言葉です。最後の「習慣になる」というのが、一つのポイントです。習慣になってさえしまえば、周囲から見てたいへんそうなことでも、本人にとっては大したことには感じないものです。

　また、そこに至るために「成果が生まれる」というのは、大きな支えになることです。この段階を経ることで、継続する気持ちが湧いてくるからです。ダイエットなどを思い浮かべると納得できるでしょう。ですから、最後に「継続する」という段階を加えることをお勧めします。

　企業経営でも、See（見て）→ Think（考えて）→ Target（目標設定）→ Plan（計画して）→ Do（実行して）→ Check（チェックして）→ Action（さらにレベルを上げて、次の行動に移る）、いわゆる S,T,T,P,D,C,A を繰り返すという手順も、活用できる考え方だと思います。

11

三つの「意」とは、
□創意 □熱意 □誠意

ステップ1

目標

　創意工夫して、熱意と誠意をもって事に当たれば、何でもうまくできると思います。

　「創意」とは新しいアイデアを出すことです。「創造的人間の原動力は物知りになりたがること」と聞いたことがあります。私は知的好奇心をもって新しく画期的なアイデアを生み出すことが「創意」であると思います。「アイデアは苦しみ抜いた人間のみに与えられる特権である」ともいわれます。

　この「熱意」というのは、英語でenthusiasticといいますが、これはギリシア語から来ているようです。語源となるギリシア語はenthousiasmosですが、これは「神が宿っている」という意味だそうです。本当に熱意をもって何かをしたことのある人なら、「ああ、あの感じ」と思うのではないでしょうか。

　最後は、誠心「誠意」努力して、困難や難問、壁に直面したときに対応できると思います。

12 ビジネスや人生を充実させる三つのバランス
□心 □技 □体

　武道や相撲などの世界でよく耳にする言葉です。今ではスポーツ全般に用いられていますね。

　よい結果を出すために「心（＝精神力）」と「技（＝技術）」と「体（＝体力）」の「三位一体」が必要であることを説く言葉で、三つの要素のバランスがとれていることが大事なのです。

　これは、企業経営にも、勉強にも、生き方そのものにも通じることです。一つでもバランスをくずすと、全体としてはダメになって成功できません。

　三つのバランスを上手にとりつつ、それぞれの要素を充実させて極めていくことが大切なのだと思います。

　特に相撲での最高峰「横綱」は、技量以上に心（考え方や行動、言葉使いや作法）が重要視されます。企業活動でも同じです。特に幹部社員に求められるのは、高度な倫理観と公平な判断力であり、果敢に挑戦し、簡単にギブアップしない（あきらめない）精神力そして実行力だと思います。

13

ステップ1 目標

近江商人三つの精神
_{おうみあきんど}

- ☐ 売り手よし
- ☐ 買い手よし
- ☐ 世間よし

2008年に伊藤忠商事が創立150周年を迎えたときに、日本経済新聞の記事にあった言葉です。創立者である伊藤忠兵衛の掲げた、近江商人の「売り手よし、買い手よし、世間よし」という「三方よし」という理念です。

　三方よしを実践してきたことが、伊藤忠商事を150年長らえさせたといえるでしょう。企業の平均寿命がわずか30年といわれる中、150年続けることは、相当な企業努力といいますか、創業者の確固たる思想を維持しつつ、時代の変化への対応を続けてきたといえます。「三方よし」というのは、木でいうと幹といえます。幹はゆるがない。そこに、時代の流れに即した会社の手法を取り入れていく。これが枝や葉の部分になり、幹の部分とうまく絡まりあって大木になっていくわけです。

　リーマンブラザースやイーストマンコダックは150年の歴史に幕を閉じましたが、それは時代の変化の対応能力が揺らいだから大きな波にのまれてしまったのでしょう。ちょっと油断すれば、150年を重ねても一瞬でなくなってしまいます。

　根幹となる思想をしっかり引き継いでいくことが、企業を存続させていくことにつながるのだと思います。時代が変わろうと、経済環境が変わろうと、「三方よし」の理念を継承していく企業はすばらしいと思います。

14

ステップ1 目標

商いの心くばり

☐ お客様は
来てくださらないもの

☐ お取引先は
商品を売ってくださらないもの

☐ 銀行は
お金を貸してくださらないもの

これは、イトーヨーカ堂グループの創業者、伊藤雅俊氏の著書『商いの心くばり』(203頁)から引きました。この三つを前提に、イトーヨーカ堂の第一歩ははじまったと聞いています。

　お客様は来てくださらないもの。だから、お客様がせっかく来てくれたときは、目くばり、気くばり、心くばりで最大のもてなしをして満足していただく。そのために具体的に何をするかが、成功への鍵だと思います。そしてそのお客様を未来永劫のお客様にしてしまうのです。

　お取引先は商品を売ってくださらないもの。よい商品を集めようと思ったら、適正価格での購買や、相手に対する態度や言葉遣いなどに注意を払って、業者に満足してもらうことを心がけましょう。相手の足もとを見て買いたたくようなことは、決してしません。win-win（ウイン-ウイン。双方がうまくいく）の関係を築くのです。

　銀行はお金を貸してくださらないもの。銀行はダメな経営者にはお金を貸さないということです。将来性のある会社には、いい条件で貸してくれるのです。もし銀行がお金を貸してくれないのであれば、それは自分たちの努力が足りないと考え、さらなる努力をすることです。この経営思想が今日の繁栄をもたらしたのだと、つくづく思います。

15

ステップ1 目標

松下経営学

- ☐ 企業理念 ：消費者とは「見えざる契約」を結んでいる
- ☐ 経営姿勢 ：成功の要諦（大切な点）は「成功するまで続けること」
- ☐ 人材育成 ：物を作る前に人をつくれ
- ☐ 危機管理 ：厳しいお客様ほどありがたい
- ☐ 人間、思想：百年先の青写真を持て

松下電器産業(現パナソニック)の創業者、経営の神様と謳われた松下幸之助氏(1894〜1989)の経営哲学です。
　ここでいう「見えざる契約」とは、品質よく、安くて利便性のあるものを産み出していくということだと思います。「成功するまで続ける」は、まさにそのとおり。信じて続けていく持続力さえあれば、いつか成功するのです。継続は力なり、ということです。
　人材育成については、人がすべてであり、人が要であるということです。企業経営で、人材育成を熱心にする企業は伸びます。人材教育は目に見えてすぐに成果が出るものではありません。少しずつ続けていって、はじめて徐々に成果が上がります。景気のいいときだけ人材育成をしたところでうまくいきません。
　厳しいお客様は、関心を持ってくださるからいろいろと意見を言ってくださいます。意見に真摯(しんし)に耳を傾ける、これがお客様満足度を高めていくのです。普通は口うるさいお客様を敬遠しますが、松下幸之助氏は謙虚に耳を傾けて企業レベルをアップしていこうと、当時から言っておられました。
　「百年先の青写真」といっても、普通の人間にとっては考えられないことです。しかし、松下幸之助氏の哲学が、松下の繁栄を導いてきたと思うのです。

16

ステップ1 目標

すぐれたグループ、会社にするための3つの力

- □ 募集力
- □ 定着力
- □ 教育力

「人」をいかに活用するかを示す、三つの力です。

まず、いろいろな分野での「潜在能力のある人間を集める」努力をしなければなりません。磨けば玉(ぎょく)になる人間を見極めるのです。同時に、異質な人の集まりにする必要があります。同じような性質の人を集めてしまうと、考え方が偏るおそれがあるからです。

そうした過程を経て採用した人々を「定着させる企業努力」も必要です。せっかく新人教育に時間とお金をかけてもすぐ退職されてしまうと、それらの努力がむだになります。それを防止するには、メンター（mentor）制度が有効だといわれています。新入社員より2年ぐらい先輩の同性の社員をつけて、業務のガイドや私生活の精神的なバックアップをします。そうすることで、新入社員が安心感を持ち、安易に辞めるのを防ぐことができます。またいわゆるゴッドファーザー（後見人）のような大先輩を配置するのも一案です。

社員が定着したら、次は「教育力」です。資格取得に代表されるいろいろな教育の機会を与え、個人の潜在能力を開花させます。その際にかかる費用も企業が援助します。企業が教育の環境づくりを整えれば、がんばる人間が必ずいるものです。それが人材のレベルアップにつながり、すぐれたグループ、会社がつくられるのです。

17

ステップ1 目標

ありたい製造メーカー

- ☐ 生産能力を上回る販売力
- ☐ 販売力を上回るサービス力、ケア力
- ☐ すべてを上回る商品開発力

販売力が生産能力を上回るということは、在庫がないということです。在庫（罪庫とも言う）がないということは、その保管に要する場所もお金も不要だということです。商品が劣化することもありません。たとえば、月100台の生産能力であれば、販売力が月101台以上です。

　サービス力が販売力を上回るということについては、フォルクスワーゲンに有名な言葉があります。それは、「1台目はセールスパーソンが売る。2台目以降はサービスパーソンが売る」です。

　車を最初に売るのはセールスパーソンです。それから何年か経って車が傷んだりしたとき、修理を請け負うのはサービスパーソンです。そのときお客様がその修理や接客に満足したら、買い換えのときにもその会社の車を選んでくれるわけです。ですから、販売力を上回るアフターケアのサービス力を維持することは、とても大事なことなのです。ケア力とはめんどうみのよさです。

　そして、製造メーカーとしては、当然のことながら他社の追従を許さない、差別化された抜群の商品をつくることが、最も重要なことと言えます。その抜群の商品で市場開拓をして、自分たちの提供する商品を必要とする客層を、日を追ってふやしていくのです。これこそが経営の真髄ではないでしょうか。

18

ステップ1 目標

組織を活性化させるための基本的な要素

1□ トップの明快な経営哲学

2□ 鮮やかな(明快な)目標とリーダーシップ

3□ 単純な組織

「トップの明快な経営哲学」とは、「こういう考え方で自分はこの会社を経営していくんだ」ということです。それが明快であるということは、すべてのステークホルダー（関係する人たち）にもわかりやすいことであると思います。

　「明快な目標」というのは、哲学が基本にあって、それを具体的にどうするかというものです。数値目標と時間軸目標がわかりやすいですね。ビジネスであれば、売り上げ金額や利益額やマーケットシェアが目標だろうし、進学校であれば有名校への合格者数でしょう。それを達成するためにどうすればいいかと考えるのが、ビジネスの世界なら経営トップや幹部社員であり、進学校なら校長や教頭や教諭です。

　そのためには、組織が複雑ではいけません。組織は単純明快で、できれば現場にいちばん近い人が最終判断をするというのが理想です。上にお伺いを立てて、そのまた上に伺って、さらに上に……というような組織では、むだな時間がかかり、意志がきちんと伝わりません。伝言ゲームと同じです。また、単純な組織ならば、チーム内でもいいコミュニケーションがとれるものです。階層はできるだけ少なくしたほうがいいと思います。

19

四理確立
1. □ 理念 CONCEPT(PHILOSOPHY)
2. □ 理論 THEORY
3. □ 論理 LOGIC
4. □ 倫理 ETHICS (MORALS)

　「しりかくりつ」と読みます。これは、「しりめつれつ（支離滅裂）」という言葉にかけたもので、物事をうまく進めていくために必要なことです。現在、企業のあり方をみると、これらがないがしろにされているような企業がかなりあると思います。

　たとえば、不祥事で話題になった食品会社や飲食店などなど。「お客様を大切にしていこう」という理念をもち、最高の食材を使い、礼儀作法にのっとったサービスを提供するという理論、論理。さらには正当な形で、お客様に喜んでいただくという倫理。この四つのバランスがくずれてしまった。特に倫理感ですね。問題を起こした企業だけでなく、拝金主義に走りがちな傾向にある今こそ、改めて企業のあり方を問うべきではないかと思います。

20

□ 確固たる信念をもて

　信念のあるなしで、その人への信頼感が異なります。信念のある人は、考え方がぐらつきません。幹の部分がしっかりしています。たとえば、小泉元首相は、「郵政民営化」に対する信念を絶対に譲りませんでした。その部分に国民の信頼が集まったのかもしれません。

　確固たる信念というのは、自分の生き様そのものではないかと思います。いろいろな事柄に対して、「自分はこういう風にやりたい」「自分はこうなりたい」という強い信念を持ち続けることが大切ではないでしょうか。

　価値判断をお客様満足度で計ろうとするとき、徹底したお客様満足度を常に考えた経営に努めれば発展していくのでしょうが、信念がなくなって拝金主義になってしまうと、すべてを失うことになりかねません。

21

ステップ1 目標

☐ 企業の社会的な責任 (CSR)

C ooperate
S ocial
R esponsibility

企業は公器

企業の社会的な責任というのは、雇用を可能なかぎり守るとか、税金を払うとか、情報公開とか、近隣住民に迷惑をかけないなど、いろいろとあるわけですが、このCSRは近年声高に叫ばれるようになりました。

　企業責任の、基本中の基本であるはずなのに、あえて取り上げるのは、その責任を果たしていない企業が多くあるからです。

　以前は、戦後復興の過程で、成長がすべてといった考え方の中で、企業のエゴが強すぎ、このCSRは重くなかったと思います。反社会的なことをした企業は、その悪行を隠蔽することもできました。

　しかし、時代は大きく変わりました。

　今は、不祥事を隠すことなく世間に明らかにしなければ、会社の信用がなくなってしまいます。社会の目がすっかり変わってきているのです。いや隠すと、内部告発でバレてしまいます。社会は積極的な内部告発を待っているのです。

　企業情報の公開が重んじられ、女性や外国人への社会的な機会均等や障がい者の雇用率など、さまざまな面で、企業の果たすべきこと、責任が問われています。

　そんな時代にあって、CSRはとても大切なことになっています。

22

ステップ1 目標

リーダーに必要な3つの要素

1 □ グローバルな視点
2 □ 歴史観
3 □ 倫理観

2008年、世界の金融危機を生んだ米国発のサブプライムローン問題や欧州金融が、瞬時に我々の生活に影響する、まさにグローバルな時代であります。

「BRICs」は、21世紀を担う国々として、ゴールドマン・サックス・アセット・マネジメント社のジム・オニール氏が提唱した言葉です。同社はさらに、50年後に影響力を持つと予想される「ネクスト１１（イレブン）」も提唱しました。イラン、インドネシア、エジプト、韓国、トルコ、ナイジェリア、バングラデシュ、パキスタン、フィリピン、ベトナム、メキシコの11か国です。最近ではBRICsに続く国々として、「VISTA」という語も聞かれます。ベトナム、インドネシア、南アフリカ共和国、トルコ、アルゼンチンの5か国をまとめたものです。

世界の力関係が変化していく中で、輸出入に大きく依存する我が国では、グローバルな視点は、すべてのリーダーに求められていると思います。"Think globally act locally（グローバル思考で、行動は地域密着型）"です。

また、歴史観も大事なことです。過去あっての現在、現在あっての未来ですから。時代の流れを読み、歴史の動きに取り残されてはならないということですね。正しい倫理観、これは言うまでもないことです。

23

□ 優秀な営業マンに
欠かせない条件は「闘争心」と
「数字に対する執着心」。
仕事はゲームだ。
絶対に負けない目標を掲げよ。

　「人に負けたくない」「人より一歩先んじたい」という競争心を、闘争心に転換させるというのが、物事をうまく進めていく気持ちのあり方ではないかと思います。いかに競争心をかきたてるかで、「ゲーム」はいかようにもおもしろくなるでしょう。競争する相手は自分と同等の実力をもつ者を選ぶと、やる気も倍増するはずです。
　ホンダの販売会社社長時代、セールスパーソンを社内のみで戦わせるのではなく、別の店の同等の力を持つ者同士でセールスキャンペーンをさせたことがありました。実力が同等だと、お互いに勝つ可能性を持っているので闘争心も沸き立ちます。あなたが部下を抱えるリーダーである場合は、部下同士の競争には、勝つ可能性をもてるライバル同士で戦わせることが、双方の実力を引き出すのに効果的です。数字に対する執着心も目標達成に必須の条件でしょう。

24

人こそ企業
- 情報 100 歩
- 計画 10 歩
- 実行は 1 歩先

　企業や組織は人がすべて。

　情報収集は100歩先。つまり、あるとあらゆる情報を全方位から集めろということです。まったく異なる業種の成功がヒントになる場合も、多々あると思います。計画は10歩先。現実に即したというよりは、少し意欲的な計画を立てるのがよいということです。そして、実行するのは1歩先です。階段を上がっていくように、確実に歩を進めるといいのです。

　以前、ある自動車メーカーが世界のシェア（市場占拠率）10パーセントを確保しようと打ち出したことがありました。正確には覚えていませんが、当時のシェアはその半分くらいだったと思います。当時、それは難しい目標のように見られましたが、確実な努力をした結果、今ではその上をいくようになりました。この言葉の好例の一つと言えるでしょう。

25

☐ 会社が小さくて、多くの不安と同時に大きなチャンスがある場合には、驚くほどすばらしいことが達成できる

　IBMの初代社長、トーマス・J・ワトソンの息子であり、IBMを世界的企業に育てたトーマス・J・ワトソン・ジュニア（Thomas.J.Watson 1914〜1993）の言葉です。

　たとえば、10兆円の企業が5倍の50兆円企業になるのは難しいことでしょう。しかし、100万円の企業が10億円になるのは、それより可能性はあると思います。小さな会社ほど大きくなれる可能性を秘めています。何かきっかけをつかみ、上昇気流に乗れば、あっという間に大きくなることは可能なのです。どの企業もはじめは小さな規模から、発想の豊かさ、転換、人と違う考え方をすることによって、チャンスをつかみ、大企業へと躍進しているのです。小さいからこそ大躍進できるということは充分にいえるのです。

26

□ 常識をひっくり返して成功する人は皆、イマジネーション(想像力)豊富な人である

　例えば、ブラウン管の時代に、「もっと薄いテレビがあったらいいな」と思う人がいたのでしょう。「そんなのは夢のまた夢だ」と言う人がたくさんいた中で、「いや、そんなことはないだろう」と考えた人たちもいました。そして今、超薄型の壁かけテレビが実現しています。

　電子手帳もしかり、携帯電話もしかり、ちょっと前にはなかったものですよね。

　既存の概念にとらわれずに、「こういうものがあったらいいな」というイメージを具現化できる人というのは、やはりイマジネーションが豊かなのです。そういう人たちが、新しい商品を、夢から現実のものとして世に送り出してくれるのです。

27

ステップ1 目標

□ もともと人間には
予見力などない。
成功した経営者が
ほかの人と違うところは、
実現すればすばらしいであろう、
そのすばらしい未来を
心に描ける力をもっていること、
またその夢を実現しようという
不抜の信念があることである

これは、経営学者の野田一夫氏の言葉です。野田氏は現在、(財) 日本総合研究所の会長や全国経営者団体連合会の会長をしています。

　たとえば、ライト兄弟*は、鳥を見ていて何も感じない人々の中で、「空を飛べたらいいな。それができたらどんなに素晴らしいだろう」と思ったのでしょう。そして、それを実現させました。そのときの実現に対する精神は並みではなかったし、ものすごい執念で実現させたわけです。

　そういう偉人たちの想像力や実現への信念や実行力は、誰にでもあてはめることのできるものだと思います。できないことなどないんだという気持ちにさせてくれると思いませんか。

*アメリカ出身の動力飛行機の発明者
　ウィルバー・ライト (Wilbur Wright 1867～1912)
　オーヴィル・ライト (Orville Wright 1871～1948)

コラム

鬼十則

[1951年　吉田秀雄元電通社長 (1903～1963)]

① ☐ 仕事は自ら創るべきで、
与えられるべきではない。
> Initiate projects on your own instead of waiting for work to be assigned.

② ☐ 仕事とは先手先手と働きかけていくことで、
受身でやるものではない。
> Take an active role in all your endeavors,
> not a passive one.

③ ☐ 大きな仕事と取り組め、
小さな仕事は己を小さくする。
> Search for large and complex challenges.

④ ☐ 難しい仕事を狙え、
そしてこれを成し遂げるところに進歩がある。
> Welcome difficult assignments.
> Progress lies in accomplishing difficult work.

⑤ ☐ 取り組んだら放すな、殺されても放すな、
目的完遂までは…。
> Once you begin a task, complete it. Never give up.

⑥ □ 周囲を引きずりまわせ、
引きずるのと引きずられるのとでは、
永い間に天地のひらきができる。

Lead and set an example for your fellow workers.

⑦ □ 計画を持て、長期の計画を持っていれば
忍耐と工夫と、そして
正しい努力と希望が生まれる。

Set goals for yourself to ensure a constant sense of purpose.

⑧ □ 自信を持て。自信がないから君の仕事には
迫力も粘りも、そして厚みすらがない。

Move with confidence. It gives your work force and substance.

⑨ □ 頭は常に全回転、八方に気を配って
一分(いちぶ)の隙もあってはならぬ。
サービスとはそのようなものだ。

At all times, challenge yourself to think creatively and find new solutions.

⑩ □ 摩擦を恐れるな。摩擦は進歩の母。
積極の肥料だ。でないと君は卑屈未練になる。

When confrontation is necessary, don't shy away from it. Confrontation is often necessary to achieve progress.

コラム

つく人の特性

① □ プラス発想型人間
② □ 素直な肯定人間
③ □ 勉強好き、挑戦好き、やる気人間
④ □ 謙虚な笑顔人間
⑤ □ 長所伸張型人間

⑥ □ 自助的人間
⑦ □ 辛抱、執念型人間
⑧ □ 着実、バランス安定人間
⑨ □ 強気、負けん気、思いやり人間
⑩ □ 秩序維持型自由人

船井幸雄著『上に立つ者の人間学』より

ステップ 2

実行

行動を起こさないとはじまらない。

実行するにあたって気をつけたいことは何か。

どのような信念を持って実行すべきか。

1
□ どんな条件でも
　イエスからはじめる

ステップ2

実行

　物事をうまくいかせようと思ったら、イエスからはじめることです。なぜか。ノーと言ってしまったら、可能性が最初からなくなってしまうからです。私はこれまでイエスからはじめる人生を心がけてきました。「イエス」には、無限の可能性が込められているのです。

　入り口でノーと言ってはいけません。常にイエス、イエス、イエスと言って、いろいろと試した末、これはだめだと思ったときにはじめて、「できません」と言えばいいんです。そうでなければ、せっかくの可能性をつぶしてしまうことになります。ぜひこのことを、頭の隅に置いてください。そうすれば、可能性が無限に広がり、より豊かな人生を送れると思います。

　まずはイエスと言ってみる人生を、試してみてはいかがでしょうか。

2

□ 成功の秘訣

**一度取りかかったら絶対に
途中で止めない。
どんな状況のときでも
必ずチャンスはある。
"必ず成功する" そう信じて
やり抜くことが成功の秘訣である**

　これは、森ビルの社長さんの言葉です。

　成功した人というのは、能力が優れているというより、「成功するまで続けているから成功したんだ」ということを教えてもらったことがあります。途中であきらめてしまう、多くの人と何かが違うかといえば、根性や執念なのでしょう。

　そういう人たちも、はじめからそんなに執念があったわけではないと思います。何かのきっかけで強い意志が芽生え、それが周囲を動かし、成果が出たのだと思います。

　執念を持つ、成功するということは、特別な人だけのものではありません。だれにでも、そのチャンスはあるのです。

3 ☐ 自分自身でチャンスを作れ

訪れる転機がチャンスとなるのかどうか。それを正しく見極めることが肝心だと思います。私がホンダからフォルクスワーゲン・アウディ日本に移ったのは、これはチャンスではないか、将来、自分にとってプラスのキャリアとなるのではないかと判断したからです。

チャンスというのは、自分自身でしか作れないと信じることが大切です。ホンダで働いていたころ、アメリカのクライスラー社と、交渉する必要がありました。英語が得意でなかった私は、会社を代表する人間が英語が下手では、ホンダのレベルが低くみられると思いました。そこで必死になって英語を勉強したのです。クライスラーとの業務がなければ、きっと必死で勉強しなかったと思います。

「幸運の女神は準備をしていたものにのみ微笑む」という言葉どおり、チャンスをつかむためには日々の努力が欠かせません。努力の厚みがチャンスの広さとなると信じています。

4 □ チャンスは貯金できない

　幸運の女神に前髪はありますが、後頭部には髪の毛がない、という話を聞いたことがあります。不満を言ったり、責任を転嫁したりする人には、その女神が自分の目の前に来たときしか見えないので、捕まえられないといいます。反対に、自分に原因を見い出し、努力する人は、女神が手前で見えるので、優しく前髪をつかんで自分のところへ引き寄せることができるのです。

　チャンスも同じです。チャンスはそういっぱいありませんが、ときどき現れるものだと思います。ですから、それを手にするためには、決断力を発揮しなければなりません。貯めてはおくことはできないのですから。

　ただ、貯金できなくても、それにつなげる努力は、日々貯えることができます。たとえば、あなたが課長に昇格したとき、会社はあなたにチャンスを与えたのです。上司の期待を上回ることが「チャンスを生かした」ということになります。幸運の女神同様、現れたときに捕まえられるかどうかは、日々の行いにかかっているのだと思います。

5

天は自ら助くる者を助く──
Heaven helps
 those who help themselves.

① □ 人生は自分の手でしか開けない。

② □ 常識に明るく、
　　辛抱強い人間になること

③ □ 人生の奥義の九割は快活な精神と
　　勤勉にある。

④ □ 逆境の中でこそ若芽は強く伸びる

⑤ □ 勝負の鍵となる持続力

⑥ □ 実務能力のないものに成功者なし

これは、イギリスの著述家、サミュエル・スマイルズ(Samuel Smiles 1812〜1904)の『自助論(Self-Help, with Illustrations of Character and Conduct,and Perseberance)』にある言葉です。「天は自ら助くる者を助く」。そのためには、この六つの手法が大事だと、スマイルズは言っています。

①まず、自分に与えられた環境を是とすることです。自分の不遇や変えられないことに不平を言うよりも、自分ができることを精一杯やるほうがよいと思います。

②成功するためには、辛抱強くなければいけません。真に一歩一歩の努力の結果が成功への道だと思います。

③物事には、前向きな精神で臨むことが大切です。

④荒波の中では、知恵を使わなければ無事生還できません。逆境の中でこそ、知恵や強い精神が養われるといえます。自ら逆境の中に進んでいく気持ちを持てば、打たれ強い人間に育つと思います。

⑤成功した人の本を読んだり、話を聞いたりすると、成功するまで続ける持続力が物事を達成する基になっているのでしょう。「継続は力なり」の言葉どおりです。

⑥空論ではない、理論に立脚し、かつ現場にも立った具体的な指示を出すには、実務能力が必要です。

6

☐ 常に深く、熱く求むべし、道は自ら開かれん。仕事に情熱を持とうと思ったら情熱を込めた活動をせよ

ステップ2 実行

小泉信三（1888〜1996）氏は、大正、昭和期の経済学者で慶應義塾大学の学長も勤められた方です。これはもう、言葉どおりで、いい加減な生き方をするな、ということですね。一所懸命に生きようという、励ましの言葉でもあると思います。

7 シンプル、集中、スピード

シンプル(単純)になるまで考え、その単純化した項目だけにベクトルを集中させ、スピードを上げて事にあたると、必ずうまくいく

　これは、「パレート*の法則」を応用したものといえます。パレートの法則とは、たとえば問題が10項目あったら、そのうちの2項目が全体の8割を占めている、というものです。

　問題点をすべてずらっと並べ、それらをせいぜい三つにまとめましょう。まとめたら、それ以外の問題点にはいっさい関心を持たずに、三つだけに集中して迅速に問題解決にあたればいいわけです。

　物事をうまくこなせない人は、手を広げすぎて何もかもをいっしょにし、「たいへんだ、たいへんだ」と騒ぐ傾向が強いと思いますが、それではらちがあきません。

　三つくらいにまとめるくせをつけてそれらに優先順位をつけ、何よりも迅速にやれば必ずうまくいきます。

*ヴィルフレード・パレート (Vilfredo Pareto 1848〜1923)　**イタリアの経済学者**

8 正しい意思決定を行うためには、アイデアに惚れ込んではいけない

よく「これしかないんだ」という人がいます。自分のアイデアが最高だと主張する人です。しかし、バランス感覚をもち、多角的にながめたときは、まったく別の結論になる可能性もあると思います。

何でも「これは白、これは黒」と決めつけることはできません。特に日本人の多くは、グレーの部分の存在も認めます。「白にも見えるけど、グレーがかっても見える」というように。

ですから、白だ黒だと決めつけず、見方によってはグレーもあるのだと知っておくことが必要です。自慢のアイデアを提案するときこそ、少し距離をおいて物事を冷静に、多面的に見るのもよいことでしょう。

9

□ 七分の自信に三分の迷い

　物事に熱意を持って取り組むことは必要です。情熱は大きなエネルギーとなり、やがて自信に変わります。しかし、ビジネスにおいて100パーセントの自信で物事にあたるのは、危険なことです。自分の考えにとらわれ、まわりの意見が耳に入らなくなるからです。たとえどんなに自信のあることでも、「そうならないかもしれない」という迷いの部分を少し残しておくことも大切だと思います。「三分の迷い」を残しておくことで、謙虚な姿勢でいられます。そうすれば他人の意見を受け入れる余裕ができ、よりよい判断、正しい選択ができることでしょう。
　「八分の自信に二分の迷い」でもよいと、私は思います。

10

□ 創造的な人々の 際立った特徴は その頭脳の柔軟さである

　頭の柔軟さというのは、物事を多面的、多角的にとらえるということでしょう。そして創造的な人というのは、普通の人と物事の見方というのが必ず違っていますよね。やはり、頭の柔らかさというのは、年齢に関係なく、いくつになっても必要だと思います。

　頭が柔軟になる四つの方法というのを教えてもらったことがあります。

　本をよく読む／若い人の音楽を聞く／百貨店とか繁華街をぶらつく／映画をよく見る

　要するに、どんどん表に出て、新しいものを吸収しろということです。若い人の場合はもう一つ、本以外に新聞や雑誌などの活字に触れて世の中の動きを知る、というのを加えてほしいと思います。電車の中で新聞を読む人が激減しています。四六時中携帯の虜(とりこ)になっているのは、自分をせばめているような気がします。

11 □よき発想というものは99%のパースピレーション(perspiration)＝発汗作用と、1%のインスピレーション(inspiration)＝すばらしい思いつきや着想である

　これは、生涯で1300件の発明をなしとげたアメリカの発明王トーマス・エジソン（Thomas Alva Edison 1847～1931）の言葉です。

　私の父は一時、京都の石清水八幡宮の神官をしており、子どものころ、今の八幡市に住んでいました。この石清水八幡宮とエジソンとは浅からぬ縁があって、毎年、2月11日にエジソン誕生祭とエジソン碑前祭が催されます。エジソンが白熱電球の耐久性を求めて試行錯誤していた際、行き着いたのが石清水八幡の竹を使ったフィラメントでした。現在、男山山頂にある石清水八幡宮の境内には、エジソン記念碑が置かれていて、この言葉が英語で記されています。

12

☐ 成功の尺度は迅速な行動力。ビジョンなくして企業なし

ビジョン（vision）とは、先見性や洞察力、想像力といった意味です。先を見通す力がなくては、企業は成功しません。ビジョンとは、「こうありたい」という明確な目標です。それには素早い行動が伴っていなくてはなりません。

「Time is money（時は金なり）」とよくいわれますが、「Timimg is money（タイミングはもっと大切）」であることを忘れてはなりません。

13 「社長」になろうとする人は「人格」「識見」「実績」に加えて何物をも恐れぬ「気概」をもつことである

　社長に必要な要素はいろいろあると思います。なかでも私は、「これまで何をしてきたか」という実績が大切だと思います。実績があると、何をするにしても説得力が出てきます。その次に何を目指すか、将来を見る先見性、決断力、実行力が必要となります。

　社長というのは会社のピラミッドの頂点に立つ人です。気概というのは、ここでは「気骨」とか「気迫」という言葉に代えて考えてもよいでしょう。

　「社長になるときは周囲からすすめられて。退任するときは自分の意志で」がよい判断だといわれます。

14

□ コンセンサスを待っていたのでは、目的を達成することはできない

ステップ2 実行

　コンセンサス（consensus）とは、意見の一致という意味です。私はこのように感じる場面を何度も体験しています。フォルクスワーゲン・アウディの日本社長になったとき、長年続いた赤字を解消するために交際費ほぼゼロ、宣伝費をこれまでの3分の1にせよ、と指示しました。もちろん、社員は反対します。しかし、コンセンサスを待っていたのでは、いつまでたっても赤字は解消されませんから、リーダーである自分は、強い気持ちでまわりの人たちを引っ張っていく必要があります。

　何かをしようとするとき、たいていの場合は反対意見が多いものです。まわりの人たちの賛同を得られなくても、強い信念を持って進めていくために、リーダーシップを発揮することが大切です。リーダーシップとはすなわち、周囲への影響力ではないでしょうか。

15 風林火山
- □ 風の如く疾(はや)く、
- □ 林の如く静かに、
- □ 火の如く侵掠(かす)め、
- □ 山の如く動かず

「風林火山」は、戦国武将、武田信玄（1521〜1573）の軍旗に記された、孫子の言葉です。「風のように素早く動き、林のように静かに構え、火のように激しく侵略し、山のようにどっしりと動かない」と、戦いにおける心構えを示しています。

私たちも、このような姿勢で、物事に取り組めたらいいと思います。

ビジネスにおいては、情報を風のように素早く集め、分析を林のように静かに落ち着いて行い、機動力は火のように激しい勢いを保ち、信念は山のようにどっしり構えて動じない。まさに、このとおりです。

16

有能なマネージャーになるための3つのスキル

1□ 専門技能
Technical Skill (TS)

2□ 人間関係技能
Human Skill (HS)

3□ 想像力技能
（概念化能力）
Conceptual Skill (CS)

これは、ハーバード大学教授のロバート・カッツ (Robert.L.Katz) という人の解説から取りました。人は立場によって要求される技能の度合いが異なるということです。
　下の図をご覧ください。

上位（管理者）

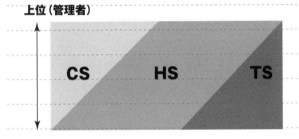

　このように、上位にいくほど人間関係技能や想像力技能が要求されます。専門技能も、もちろん持っておくべきですが、その部分は専門の人に任せるということが、有能なマネージャーには求められるのです。上の立場に立てば立つほど、人材の育成や適材適所の配分に力を入れればよいのです。
　それなのに、地位が上がって自分の立場が変わっても、専門的なことまで自分でしようとしていては、チーム全体の目標の達成が困難になってしまいます。地位はその地位にふさわしい「役割分担」を果たさねばなりません。

17 部下を持つ人に求められる要件

- ☐ 言行一致
- ☐ 情報公開＝共有化
- ☐ 責任を取る能力

トップダウンの情報量の変化

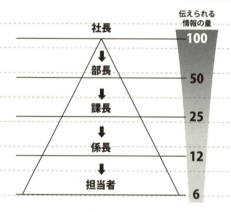

企業のトップ（社長）の考えは、上のように段階を経て伝わる。トップの考えを100とすると、下に伝わるごとに情報量が減り、現場の担当者には、トップの考えは100のうちの6しか伝わらないという。

ある組織を例にとります。仮にトップが100を考えたとすると、その意図は、このように段階を経て伝わり方が不充分になってしまうといわれます。

　情報の伝達は、こういう方式では必ずゆがめられますから、大事な情報はトップが直接全員に伝えればいいのです。そうしてこそ、情報の共有化というものができるのです。

　情報公開によって、トップと組織の底を支える担当者は、組織の階層に関わりなく、問題の認識の共有化へと発展します。とかく立場によって認識の度合いに温度差がありますから、部下を持つ人は理解度の温度差を縮める努力が必要です。

　言行一致については言うまでもありません。部下は上司をよく見ているものです。「下三日にして上を知る」（139頁）と言われます。

　また、リーダー（leader）のスペルを使って、ありたいリーダー像を表したものを130頁に載せましたが、その最後のrはresponsibility、責任をとる能力です。責任を取らずに逃げてしまう人が多いようですが、しっかりと責任を受け止める資質が、部下を持つ人の大事な要件です。

18

□ やって見せないと評価されない

ステップ2　実行

　サラリーパーソンの世界では、これはきわめて当たり前のことです。実際にやって具体的に成果を見せないと、評価はされません。具体的な実績を上げて「なんぼ」の世界です。

　ところが、上級の公務員などは、キャリアになって、地方の税務署長を2年くらいやって、どんどん上がっていく。実際の現場など何も知らないまま、人を使っているわけです。そんなシステムが、今の格差社会の拡大などを招いているのだと思えてなりません。

　政治家にしても、誰か一人でも具体的に見える何かをやって見せてほしいものです。故・小渕恵三元首相(1937～2000)は1997年、オタワ条約で「対人地雷全面禁止条約」に署名して歴史に名を残しています。

　サラリーパーソンも公務員も政治家も、具体的な成果を上げることを期待されています。

19 意見具申は「三択」をもってせよ

　プレゼンテーションでも上司に何かを提案するときでも、意見具申には1案だけでなく、A案B案C案の三つを用意したらいいということです。

　一つの提案では、「この範囲だけでしか考えていないのではないか」という懸念を与えます。またA案とB案だけでは、二者択一になってしまいます。

　ですから、3案つくって、それぞれの費用・時間対効果やメリット・デメリットを示すのがいいでしょう。「費用対効果」とは、使ったお金に対してどれだけ見返りがあるかということです。もちろん最小の費用で最大の効果があるのが、いちばんいい選択肢ですよね。

　このことを考えていてふと思い出したのが、「選択と集中」です。どの事業を選んで、そこにいかに経営資源を集約するかという判断が、経営者に求められたのです。

　しかし、先日ある優秀な経営者の講演を聞き、言葉の順序を「集中と選択」としたほうがいいのではないかと思いました。どの事業に経営資源を集中していくかが、まず大事ではないか。それによって、その後の選択肢が決まってくるのではないか、と考えたのです。

チームワークを強化する3要素

1□ チームの目標を全員が熟知している

2□ メンバー一人一人のよさを全部出す
（欠点よりその人のよさを認め、活用する）

3□ リーダーの力量がすべて
（チームを構成する全員の温度差を縮める）

チームで目標を達成するためには、メンバー一人一人が目指すものを充分理解し、納得していないといけません。「この山に登るから、みんながんばろう」といったときに、その「山」をきちんと示す必要があるのです。それを示すのはリーダーです。

　メンバー一人一人のよさを全部出す。ホンダの創始者、本田宗一郎氏（1906 〜 1991）は「人間には差はないんだ。人間にあるのは違いなんだ」と言っておられます。この「差」というのは縦の関係です。できる人が上、できない人が下です。それに対して「違い」というのは、横の関係です。ですから、リーダーがチームワークを強化しようと思ったら、メンバーの出来不出来という上下の見方はやめて、一人一人のよさをできるだけ発揮させるように横の関係で見ることが、非常に大切なのです。

　そして、リーダーは「原因自分論」でなければなりません。うまくいかないことを、部下や会社、環境など、何かのせいにしないということが必要です。まず自分の中に原因を見つける「原因自分論」で運を呼び込む努力をしていれば、運はついてきます。そういうリーダーのもとで、チーム全体がよくなっていくのです。

21

☐ 現場に行って
自分の目で見よ。
三現主義（現場、現物、現実）

ステップ2 実行

　現場へ赴いて現物を見て、現実を直視する、というものです。問題解決の基本を示しており、これはリーダーが持つべき、最低限の資質といわれます。三現主義に徹するリーダーのいる会社は伸びるともいわれます。

　たとえば部下が不祥事を起こしたとき、上司がすぐにその現場に赴いて処理すれば、事件が大きくならないうちに沈静化させることができるでしょう。あるいは工場で事故が起きたとき、上司がすぐに現場にかけつけて現状を把握すれば、環境改善の策や周辺住民への説明責任を講じることもできます。これらはすべて、三現主義によって解決できる問題なのです。

　三現主義は物事のあらゆる場面で活用でき、問題解決のヒントを与えてくれる手段となります。

　英語では"Be on the spots, Look at the actual part and face up to the reality."

22

□ 必ず担当者の意見を聞け

　実務担当者がそのことにいちばん通じています。まず担当者の意見を聞くことで、問題解決に一歩でも近づけるかもしれません

　とはいえ、それが正しいとは限らない場合もあります。日野自動車の会長だった方が、トヨタから社長として移籍してすぐ、10日分置いている在庫を1日分にするようにと、指示を出しました。現場の人たちは理由を並べ立て、大反対しましたが、周囲を説得し、生産、在庫、物流、部品が今どこにどれだけあるか、すべて「見える化」システムを徹底させた結果、在庫が1日分ですむようになりました。さらに意見のやり取りを密にすることで、赤字経営の日野自動車を黒字に転換させたのです。

　担当者の意見は必ず聞く。しかし判断材料をそれだけにせず、別の側面からも見て考えることが大切であると思います。

23

ステップ2 実行

会議を
スムーズに進める極意

1 □ 目線細やか
2 □ 発言簡明
3 □ 饒舌無用

まず会議を主宰する人は、会議1分あたりにかかるコストを計算すべきだと思います。「年俸÷労働日数÷労働時間」で、一人1時間あたりの金額が出ます。そして何人参加するかで、かかるコストがわかります。こういったコスト意識を持てば、2時間かかるところを1時間で切り上げようと考えるでしょう。

　また上の人間は、部下の労働時間を長く拘束する自由裁量はない、ということをわきまえておきましょう。上司のエゴで会議をする、上司の都合で労働時間外に会議をするのはいけません。

　目線細やかに、発言者の表情や声のトーンに注目し、より理解を深める努力をしましょう。

　発言する人はくどくどと説明せず、意見を三つ程度にまとめ、わかりやすい説明をしましょう。自分が発言する内容をより印象強くし、焦点を当てやすくするには、何かキーワードを盛り込むことがポイントです。

　饒舌がすぎて言葉が多くなると、結局何が言いたいのか、わからなくなります。要点を絞り込んで発言しましょう。事前にメモを準備するとよいでしょう。

　相手の発言を聞き、自分はどんな風に発言しているだろうかと、振り返ることも大切でしょう。これらの点を今後の会議に取り入れてみてはいかがでしょうか。

24

1 □ 人は人の集まる場所に集まる
2 □ 人は明るいところに集まる
3 □ 人は興味のあるところに集まる

　これは、当たり前のことのようですが、集客とか、店のレイアウトのしかたとか、ロケーションの設定とか、そういうことを考えたときに、「あ、おもしろいな」と思って手帳に写した言葉です。

　以下、「儲かるレストラン」に共通する3点です。

　A　店を清潔に保つ

　B　味を一定にする

　C　注文を受けてから10分以内に料理を出す

　（飲食業についている人はチェックしてみてください）

　儲かるには、儲かる理由があるのです。最近は、汚いところには行きたがらない人が多くなりましたから、清潔というのは1番目なのですね。

　この、人が集まる場所についての言葉も、そういうこととと共通するものを感じます。

25 視覚に訴える商品開発

1 □ Entertainment
2 □ Enjoyment (Easy)
3 □ Exciting

　この言葉を見たときに思い出したのは、ゲームソフトでした。自分自身がとても楽しい気分になって（Entertainment、Enjoyment）、興奮する（Exciting）ということです。扱いはやさしいし、すごく熱中するし、使う人の心を楽しませてくれます。これが各ゲーム会社の基本的開発コンセプト（概念）なのではないかと思ったわけです。

　そこで、商品開発や販売促進、また商品の展示方法なども、この三つの要素を判断基準にすることによって、新たな顧客をつくり出せるのではないかと考えました。

　楽しみ（enjoymennt）ながら、さらに興奮（exciting）できれば最高です。

26

経営革新の三つのアプローチの方法

1□ 製品(商品)を変える

2□ 事業、経営(手法)を変える

3□ 人の心を変える

アメリカのケミカル大手、3Mは、「ストレッチゴール」というものを設けています。それは、努力によって到達可能な目標のことです。そのうちの一つに、「今年の売り上げの30％は、5年前に存在しなかった商品で占めなければならない」という項目があります。これは、毎年、毎月、毎日、常に新しい製品やサービスを出し続けなければならないということです。提供する商品を変えるわけです。

　そのように新しい商品を出していくことによって、新しいお客様を創造できるのです。新しいお客様がふえないと、伸びるための経営というのは成り立ちません。

　製品を変えるためには、経営や事業の手法を変えて、それまでと違う角度で物事を見てみることです。ときには営業の人や素人が商品開発に携わるとか、技術の人が営業を引っ張るなどしてみるのもいいでしょう。最後の「人の心を変える」というのは、何か革新的なことをする場合に、経営陣が環境整備をして、周囲がその新たな物事を受け入れるような土壌をつくることで達成できます。女性の管理職への登用や若手や外国人の抜擢などは、まさにその例と言えましょう。

　時代は多様化、多角化（ダイバーシティ）に向かっています。

27 経営の基本3要素は
人 物 金

ステップ2 実行

　経営の基本というのは、人材（人財）です。その人材が商品を生み、それらが金を作り出します。昔から、これらを「経営資源の要」と総称してきました。

　なかでもいちばん大事なのは「人」です。「金」も大事ではあるけれど、それは有限のものです。限度があるのです。それに対して人材(財)の生み出す知恵や考え方、アイデアなどは無限です。人が考えるのですから。

　だから、有能な「人」を活用してすぐれた「物」を生み出せば、自ずと「金」は生み出されるということです。

　このように、この三つが最も重要な経営資源ですが、これ以外のことも経営資源としてきわめて重要です。

　それは、「情報」「時間」「ブランド力」「ノウハウ（専門的知識や技能、技術情報）」「社風」「社員の健康」「教育力」「定着力」等です。

　これらの経営資源をどううまく活用するかということで、その企業の業績は違ってくるのです。特に、よい会社を経営するためのよい社風作りは、幹部が率先して行うものだと思います。

28 □効率を追求する3要素は 単純化 標準化 専門化

「KISS method」という言葉があります。「Keep It Simple and Smart」の略なのですが、単純にすっきりとスマートに物事を行うことがいいのです。

こうして、単純化することを標準化する、つまり物事をできるだけ単純にして、普通の当たり前の状態にするのです。

次の「専門化」ですが、これは「うちはこれが絶対に強いんだ」という商品やサービスなどを持つということです。例えば自動車会社では、スズキやダイハツといえば小型車のエキスパートだとか、富士重工なら四輪駆動車というのがあります。また、BMWは高級車と決まっています。いすゞはかつて、乗用車に手を広げて失敗しました。他社との差別化を図り、そこに付加価値をつけ、新しいお客様を創造していくことで、時代の変化の波を乗り超えることができます。

Q.C.D. とは、

- ☐ Quality 品質
- ☐ Cost コスト
  (値段、費用、経費)
- ☐ Delivery デリバリー
  (配達、納期、引き渡し)

ステップ2 実行

これは製造業でよく使われる言葉です。

　この中でいちばん大切なのはやはり品質です。

　次の「コスト」はコストダウンのことです。例えば、自動車会社のスズキでは、ずっと「1部品1円コストカット」とか、「1部品1グラムカット」という運動をしています。これは一見、取るに足りない運動に見えますが、とんでもない、自動車は普通2万点の部品から成り立っていると言われますから、一つの部品が1円下げられれば、全体で2万円ものコストダウンが実現できるわけですし、車重が20kg軽くなり、その分燃費がよくなります。むだを省きつつ必要なところは守っていく、こういう細かいコストダウンの努力が、結果的に大きな差となって出てくるのです。

　また「デリバリー」は、納期の短縮や、広くは物流の改良のことです。包括して logistic（＝兵站(へいたん)）とも言いますが、この短縮や合理化もとても大切なことです。たとえば、パッケージをできるだけ小さくするとか、コンテナにきっちり入るサイズにするなど、そういう兵站にかけるコストを下げる努力をするのです。

30

自ら決断する
判断力に必要な3条件

ステップ2 実行

1 □ 過去ならびに、現在における
　　事実関係の確認

2 □ 未来に対する
　　洞察力、予見力、先見性

3 □ 現在と未来の間に横たわる
　　ギャップをどのように
　　埋めるかという論理と
　　具体策を構築する力

ビジネスパーソンに求められるのは判断力です。

しかし、今のビジネスパーソンは、「決定する」ということを躊躇する場合が多いと聞きます。それはなぜか。自信がないからではないでしょうか。

自信がないから上司に相談する。上司も自信がないから、さらに上に相談する。そういうことの多い中で、やはり自らが判断して決定するということが求められています。「上司に相談することによって、自分の責任を逃れてはならない」という言葉があります。上司に相談したことによって、その責任は上司に移ると思いがちですが、それは違うでしょう。相談はあくまでも相談であって、決定するのは自分なのです。

また、「人事権のある人のアドバイスは命令である」という言葉もあります。人事権のある人の「こうしたらどう？」は、「こうしろ」と部下に命令しているのと同じだということです。ですから、部下はむやみに上司に相談してはならないし、上司も不用意にアドバイスをするものではありません。もちろん、上、下、横とも、報連相（報告、連絡、相談）はしっかりやらねばなりません。自分の責任で、できれば上司の権限を奪い取るくらいの気迫で、物事を決めることが大事だと思います。権限は奪い取るためにあるともいいます。

31 三識とは、

☐意識　　☐知識　　☐組織

まず問題を意識する。次に、その意識したことについての知識を充分に蓄える。そして、それに組織で対応する。これが「三識」です。

この三識で物事を行ってこそ、チームの総合力を発揮することができます。一人一人の役割責任を集結した組織というもので対応するわけです。その取組み姿勢は、「意識」をベースに発生します。「問題意識」と置き換えてもいいでしょう。知識や見識ももちろん大切ですが、それは勉強できることです。それに対して「問題意識」は、常に心がけていなければ身につかないと思います。

「問題意識」があれば、何かをパッと見たときに、「ああ、もっとこうしたらいいな」とか「今の半分のスペースと時間でやれないか」といったことに気がつきます。そこから、「では、こうしよう」ということになり、素早く行動すれば結果がよくなると思います。

「問題意識をベースにした迅速な行動が、物事を変える」ことにつながるのです。

32 小事は情をもって処し、大事は意をもって決す

　何が大事なことで何が大事ではないかという色分けは大切です。大事なことを定めて、優先順位をつけて、時間は大事なことに費やさなければなりません。

　「小事は情をもって処す」。私がフォルクスワーゲン日本の社長をしていたとき、部下がヒマラヤに行きたいから10日間の休みがほしいと言ってきました。私は、即答でそれ以上の休みを認めました。ヒマラヤに行くことは、彼にとっては一生に1度の大事かもしれませんが、多くの人が働く会社にとっては小事の一つです。登山は天候や体の疲労の状態もありますから、余裕のあるスケジュールを勧めたわけです。

　しかし、物事の根幹に関わる部分、つまり大事なことというのは、どんなことがあっても決意をもって臨まなければならないといえます。

　地位が上がるほど、何が「大事」で、何が「小事」かを見極める判断力が求められると思います。

33

☐ 仕事のたらいまわしはするな
（糊代のある仕事が大事）

 日本の強さは、チームワークだといわれます。Aさん、Bさん、Cさんがチームを組んでいると、Aさんのいない穴は、自然にBさん、Cさんが埋めていきます。

 多くの日本の企業は、大部屋なのでコミュニケーションが密であり、共有している情報が多いのが特徴です。同僚の抜けた分をカバーできるから、お客様に迷惑をかけずにすみます。

 そこで必要なのは「糊代のある仕事をする」ということです。自分がすべき仕事＋αを考えてすることで、他の人にバトンタッチしやすくするのです。日本の労働環境の利点を生かし、問題が発生すればチームワークでカバーする、ほかにまわすことはせず、その場で解決するということに努めてほしいと思います。

34

□ 罰しても
間違いは防げないと知れ

　間違いは起こるものです。大事なことは、重要な部分で間違いを起こさないことです。しかしそれをどうやって防止するか、それが大切です。加えて、一度起こしたことは二度と起こさない、学習経験を生かすための教育をする必要があります。

　ここで重要な考え方に3Eというものがあります。3Eとは、教育（Éducation）、環境（Énvironment）、強制（Énforcement）の三つを示しています。教育し、環境を整え、強制して行わせるという意味です。この三つがそろってはじめて機能するのです。飲酒運転防止を目的とした道路交通法は好例でしょう。

　3Eのどれか一つが欠けていてもだめですし、もちろん罰則だけ行なってもうまくいきません。罰したところで間違いが起きなくなるということはありません。むしろ、罰しないようにするにはどうしたらよいかという制度を考えたほうがよいでしょう。

35 企業が業績悪化に伴い縮小する3K
1□ 交際費
2□ 交通費
3□ 教育費

一般に「3K」というと、環境の劣悪な職業を指します。元祖はブルーカラーの「きつい」「汚い」「危険」、最近ではIT企業の「きつい」「帰れない」「給料が安い(厳しい)」というのも見聞きします。

ここで扱う3Kは、企業の業績が悪くなっていくとカットされる、別の3Kです。Kの一つとして、「広告費」縮小も多く見聞きします。

交際費と交通費はカットしてもいいでしょう。しかし教育費のカットは、できる限り避けるべきでしょう。

「教育費をカットするとボディーブローで効いてくる」と言われます。そのときの削減があとあと響いてくるのです。企業は人で成り立つものですから、人材のレベルを高く維持するために、教育は不可欠です。不景気だろうが業績不振だろうが、予算化した教育費は意図して確保するという考え方が大切だと思います。他はカットしても教育費は死守し、よい人材を育てることが、その企業発展の鍵ではないでしょうか。

36 "想像を絶する"事態に備えるのが、危機管理である

「想定外のできごとを考える」ということですが、これは「最悪の事態」と置き換えることができると思います。最悪を予想して対応すれば、それ以上悪くなることはありません。危機管理が甘いのは、「そんなことは起こりえない」「そんなはずはない」といった思い込みがあるからです。だからそれ以上悪くなると、あわてふためくという事態に陥るのです。世の中ではどんなことでも起こりうる、と考えておかなくてはなりません。そのきっかけとなる段階で最悪に備えれば、物事を最悪の事態になる前に処理できます。

危機管理は経営者のすべき事柄です。危機管理は先手必勝。先手を打つのは、経営者の先を見通す力次第です。

「事前の一策は事後の百策に勝る」との言葉も危機管理に通じます。福島の原発事故で学んだことです。またドイツの宰相ビスマルク（Otto von Bismarck 1815～1898）「愚者は経験に学び、賢者は歴史に学ぶ」との言葉もあります。

37

事業を存続させ続けるための三つの基準

1□ 売上げは元気

2□ 利益は自信

3□ シェアは信頼
（マーケットシェアはお客様の信頼の量）

ステップ2 実行

これは、キャッチフレーズのようで、わかりやすく耳に覚えやすいですね。大先輩がふと口にした言葉なのですが、「おもしろい！」と思わず手帳に書き留めました。
　例えば自動車会社であれば、販売台数が元気です。少しでもいいから右上がりに売上げ（台数）が伸びていかないと、やはり元気は出ません。そして、それが利益につながってこそ、自信がつくというものです。企業にとっては、利益を上げることが最重要課題ですから。利益は取引先やお客様の、企業に対する評価のバロメーターといわれます。利益が多いと、その企業はお客様が「よくがんばった」と褒めてくれたということです。逆に利益が少ないと「もっとがんばれ」ということで、お客様が評価してくれていないということかもしれません。
　また、マーケットシェアというのは、お客様の信頼の量そのものです。シェアはお客様の信頼が如実に表れるものです。
　ところで、マーケットシェアの限界といえば100です。そんな数値は実際には難しいことですが、ボストンコンサルティンググループ（BCG）によると、1位の商品がある数値だとすると、2位はその0.68倍だそうです。そんな公式のようなものがあるのも、ちょっとおもしろいですね。

38

ステップ2 実行

- □「環境が悪い」と言わない。
- □「そこを何とかお願いします」と言わない。
- □ 徹底的にライバルの良いところを褒める。
- □ 病める貝のみ真珠は宿る。
- □ 伸びている会社の社員は社長を褒める。

これは、元住友銀行副頭取で、アサヒビールの元名誉会長、樋口廣太郎氏（1926～2012）の言葉です。樋口氏は、アサヒビールがキリンビールに圧倒的に引き離されていたとき、原点に帰ってお客さんの要望を聞き、スーパードライをつくりました。それが大ヒットし、アサヒビールは常勝のキリンビールを抜きました。そういうすご腕の実業家の言葉は、やはり重みがあります。

　私がずっと言い続けている「環境・他人責任論からの脱皮」というのがあるのですが、これはまさにそのことです。環境というのは与えられた条件ですから、そんなことにクレームをつけてもしかたないのです。また、できないことはできないのだから、「そこを何とかお願いします」などと言ってはいけません。

　そして、「病める貝のみ真珠は宿る」は、キリンビールに大敗していたときのアサヒビールをたとえたのではないでしょうか。病気がちの会社を治すために、悩んで悩んで、その結果いいアイデアを出せた。悩んでいるからこそ、知恵は出るものなのです。

　最後の「社長を褒める」は、なかなか難しそうですね。

39

□ 紙一重の差

はじめは些細(さसい)な努力、紙一枚程度の厚さの差の努力だとしても、それらが徐々に積み重なると、紙が厚みを増していくように大きな差となります。一見、取るに足らない厚さが継続することによって、とてつもない力(差)を生み出すのです。「自分は紙一重の努力をしているか」。このことを自問自答していただきたいと思います。私はタイにあるホンダ現地法人の社長をしていたときから社員向けに、「ア・ステップ・アヘッド」というニューズレターを10日に1回発行していました。紙一枚のものでしたが、とにかくこれを続けていこうと決めたのです。続けることによって、ニューズレターの厚みが増します。続けることによって、だれも真似できないものになります。

「卓越性とは些細なことを継続していくことである」という言葉を聞いたことがあります。卓越とは、優れているという意味ですが、そのためには些細な努力の積み重ねが必要である、ということです。

40 大きな競争の場では、相手より倍もすぐれているものはいない。5%か10%すぐれていれば、他のだれよりも抜きん出て成功を収めるに充分だ

　私は、長く自動車メーカーにいて、1位と2位の差を考えたとき、生産台数や売上げなど、2倍も3倍も差が開いているケースは少ない、それなら充分に勝てるじゃないかと、この言葉によって気づきました。たとえば、GM（ゼネラルモーターズ）が世界1位だったとき、2位のトヨタと差はかなりありましたが、今ではトヨタグループがGMを追い抜いています。大切なのは、ア・ステップ・アヘッド、一歩前への考え方です。常に、一歩前を考え、具体的な戦略を練り続ければ、上位の企業を追い抜くことは可能です。業績の格差は戦略格差、すなわち経営者格差そのものだと思います。

　ベンチマーク（bench-mark 規範となる基準）の採用やK.P.I.（175頁）設定も大いに役立ちます。

41 人間の能力に大差はない。あるのは根性の差だけだ。執念を持ってとことんやれ。問題は能力の限界ではなく、執念の欠如だ

ステップ2 実行

　これは、㈱東芝の元社長、土光敏夫氏（1896～1988）の言葉です。

　この言葉にふれる前、私は、人間には"できる人間"と"できない人間"がいると思っていました。ですからこれを読んだときは、まさに目からうろこが落ちる思いがしました。

　成果が出せないのは、能力が足りないのではなく、物事をやりとげようという思いが足りないのです。やってやるという執念の重さ、その重さの差なのではないでしょうか。決してあきらめない執念こそが、成果につながるのです。執念を継続させることが成果を左右します。

42

☐ 信じて続ける。
壁とは成功の手前

　信じて続けることは当たり前。けれど、壁にぶちあたったとき、なかなか成功の手前、という手ごたえは感じられないと思います。

　壁を越えると次に谷が現れ、その次にはもっと高い壁が現れます。さらにその壁を越えると、もっともっと高い壁にぶちあたります。そうやって、だんだん頂上に近づくのです。その長い道のりを乗り越えるために、「壁とは成功の手前」という考え方は、その壁に果敢にチャレンジする勇気を与えてくれる、あるいは壁をぶち破るモチベーション（動機づけ、あるいは刺激）となってくれるでしょう。

　そして、成功へ確実に近づくために大事なことは、選択するときは常に難しいほうを躊躇（ちゅうちょ）なく選ぶことです。

アメリカのある大学の図書館に貼られていた紙

① □ 今居眠りすれば、あなたは夢をみる。
今学習すれば、あなたは夢が叶う。
Sleep now and a dream will come out : Study now and a dream will come true.

② □ あなたが無駄にした今日は
どれだけの人が願っても叶わなかった未来である。
Today you wasted is tomorrow loser wanted.

③ □ 物事に取りかかるべきいちばん早いときは、
あなたが「遅かった」と感じた瞬間である。
The earliest moment is when you think it's too late.

④ □ 今日やるほうが、明日やるよりも何倍もよい。
Better do it today than tomorrow.

⑤ □ 勉強の苦しみは一瞬のものだが、
勉強しなかった苦しみは一生続く。
The pain of study is temporary; the pain of not study is lifelong.

⑥ □ 勉強するのにたりないのは時間ではない。努力だ。
You never lack time to study ; you just lack the efforts.

⑦ □ 幸福には順位はないが、成功には順位がある。
There might not be a ranking of happiness but there is surely a ranking of success.

⑧ □ 学習は人生のすべてではないが、
人生の一部として続くものである。
Studying is just one little part of your life ; loosing it leads to loosing the whole life.

⑨ □ 苦しみが避けられないのであれば、むしろそれを楽しめ。
Enjoy the pain if it's inevitable.

⑩ □ 人より早く起き、人より努力して、
はじめて成功の味を真に噛みしめることができる。
Waking up earlier and working out harder is the way to success.

⑪ □ 怠惰な人が成功することは決してない、
真に成功を収める者は
徹底した自己管理と忍耐力を備えた者である。
Nobody succeeds easily without complete self-control and strong perseverance.

⑫ □ 時間は、一瞬で過ぎていく。
Time passes by.

⑬ □ 今の涎(よだれ)は将来の涙となる。
Today's slaver will drain into tomorrow's tear.

⑭ □ 犬のように学び、紳士のように遊べ。
Study like a Dog; Play like a gentleman.

⑮ □ 今日歩くのを止めれば、明日からは走るしかない。
Stop walking today and you'll have to run tomorrow.

⑯ □ いちばん現実的な人は、自分の未来に投資する。
A true realist is one who invests in future.

⑰ □ 教育の優劣が収入の優劣。
Education equals to income.

⑱ □ 過ぎ去った今日は二度と帰ってこない。
Today never comes back.

⑲ □ 今この瞬間も相手は読書をして力を身につけている。
Even at this very moment your competitors keep reading.

⑳ □ 苦しんでこそはじめて進める。
No pain, No gain.

コラム

成功への七つ道具

① ☐ **目標をもつ**
具体的、大きすぎず、小さすぎず

② ☐ **実行力**
有言実行。すぐやる

③ ☐ **イメージトレーニング**
成功のイメージを描く

④ ☐ **不安を克服**
100%の成功を求めず、
他人の目を気にしない

⑤ ☐ **運の利用**
幸運の自己暗示。都合よく解釈

⑥ ☐ **自信**
堂々とふるまう

⑦ ☐ **失敗処理**
環境や他人のせいにしない

ステップ 3

交渉

社会で生きていくためには、
コミュニケーションは欠かせない。

会社内外での交渉を有利に進めるために
忘れてはならない重要なポイントとは。

対人関係をスムーズにするための
心の持ち様とヒント。

1

☐ 商人道は、礼に始まり、礼に終わる。商売は、おじぎに始まり、おじぎに終わる

昨今は、商人道(あきんどどう)がないがしろにされているような気がします。商人道とは謙虚さを忘れないことだと思います。仕事をいただいている、儲けさせてもらっている、という感謝の気持ちを礼にこめるのだと、この言葉はいっているのではないでしょうか。商業活動に携わるビジネスパーソンは、すべて商人に変わりないわけです。ですから、丁重をここがけるためのアドバイスとして、この言葉をとらえています。ビジネスのときだけでなく、日ごろから感謝の気持ちをもつこと、「ありがとうございます」「おかげさまで」という言葉は努めてまめに言うようにしています。

2 ☐ お客様が得をすれば、それが利益になって帰ってくる
(win-winの関係を築く)

「win-win の関係」というのは、一方だけが儲かって相手方が損をするということではなく、両者がともに利益を得られる関係のことです。これは、世界中どこへ行っても通用する考え方です。ビジネスパーソンは、取引先や関係者とこの関係を築くことを考えの中心にすれば、末永く友好的な、双方にとってメリットのある関係が築けると確信します。

自社だけが儲かればいいという考え方は、短期的には成功するかもしれませんが、長期的にはうまくいかないと思います。たびたび起こる食品に関する偽装問題などを見れば明らかでしょう。「商人道に反した行い」をすることで、先人の努力や苦労に泥を塗ってしまっています。長年言われている問題ですが、人間の欲につられた不祥事が後を絶ちません。

3 人格は一生通用する唯一の宝だ。礼儀作法には金がかからない。しかも礼を尽くすだけで何でも手に入る

　一流の人というのは謙虚です。こういう言葉を読むと、やはり礼儀作法とか言葉遣いとか感謝の気持ちを表すこととか、そういうものは大切なんだと思います。自分の努力不足を感じています。

　これは権力ではなく権威なのです。この二つを混用する人がいますが、それは違います。人は最終的に、権力にはついていきません。威厳や人格といった権威についていくと思います。権力とは、支配者が被支配者に加える強制力、権威とは、他人を従わせる威力のことです。

　ですから、礼儀を尽くして人格を磨き、徳を高めれば、人もついて来るし、動いてくれます。そうすれば、結果として、自分の思うようにできる、何でも手に入るということです。

4 一人の力で事業が成功することは絶対にない。一人の力が他人の協力を得たとき、初めて事業は成功する。そして協力を得られるのは鋭さではなく、人格の力である

　これは、阪急グループの総帥だった清水雅氏（1901〜1994）の言葉です。清水氏は、阪急電鉄の会長、阪急百貨店の社長・会長、東宝の社長・会長を務めた実業家です。

　事業の成功に欠かせないのは、チームワークです。上に立つ者は全体の方向づけを行い、専門的なことは各分野のエキスパートの力を借り、チームを成功へ導きます。

　そして、多くの人の力を借りるためには、何よりもその人の鋭さより、人格が必要といわれます。リーダーにしか決められないことは多いですが、リーダーだけでは何もできません。人格のある人にこそ、部下は喜んでついていくのだと思います。

5 三つの「人"ざい"」

- ☐ **人財**
- ☐ **人材**
- ☐ **人罪（人在）**

　「人財」とは、人材を"財産"として扱うことです。そのためには人を人財として育てなければなりません。

　一方「人罪」は、企業が人づくりに力を入れなかった結果として、その人（社員）がいることによっていろいろな弊害が生じることです。部下を持つ人は、人材を活性化できるよう、部下の潜在能力を発揮させて財産にしていくことが大切であり、役割責任でもあります。

前頁の補足として、人を人財に育てるために、江戸中期の儒学者、荻生徂來(おぎゅうそらい)(1666～1728)の「人を用うるの法(九訓)」を列記しますので、活用ください。

① ☐ 人の長所を始めより知らんことを求むべからず。之(これ)を用うれば長所初めて現す。

② ☐ 人はただ長所のみを取りて可なり。その短所のごときは知るを要せず。

③ ☐ 能(よ)く用うれば その時代の必要に応ずるほどの人材は必ずこれあり。

④ ☐ 人は己が嗜好に合するもののみを採用すべからず。

⑤ ☐ 人材は必ず瑕疵(かし)*あり。瑕疵なきは以(もっ)て人材とすべからず。

⑥ ☐ 人を用うるにあたりては、小過をとがむるにあらず。ただ大切あれば可なり。

⑦ ☐ 用うる以上は充分に事をその人に委(ゆだ)ぬべし。

⑧ ☐ 上たる人、下と才知を争うべからず

⑨ ☐ 人材は必ず一癖あるものなり。之器なり。器ならざるは用うるに足らず。

*瑕疵　欠点のこと

6

□ 認められるより
喜んでもらおう

認めてもらおうとがんばってなかなか認められなかったとき、「どうして自分のことを認めてくれないんだ」「上司に理解がないからだ」と、そんなふうに思いがちです。

この言葉を読んだとき、「ああ、こういう考え方をするのっていいな」と思いました。

確かに、上司や会社やお客さまを喜ばせようと一所懸命になれば、それが仕事の結果につながっていきます。周囲を喜ばせるようなことを心がけていると、自分に追い風が吹いたりしますよね。結果が出せれば、自ずと認められるようになるわけです。

ですから、「認めてもらおう」とがんばるのではなく、「喜んでもらおう」とがんばるほうが、周囲も、ひいては自分も幸せになれるということです。

7

□ 人にしてもらうためには
　人に尽くせ

　因果応報*、ということです。自分がしていることはやがて自分に返ってきます。自分が配慮すれば、他人も配慮してくれるようになります。自分が相手に優しくすれば、相手も優しくしてくれるでしょう。自らしかける、とでもいいましょうか。他人からしてもらう前に自分ができる限りのことをする。誠意をもってことにあたる。こういう姿勢でいたらいいと思います。人間は感情の動物です。相手の感情を大切にすることです。

*仏教の語で前世あるいは過去の善悪の行為が因となり、その報いとして現在に善悪の結果がもたらされること。

□ 非理法権天(ひりほうけんてん)

ステップ3 交渉

南北朝時代の武将、楠木正成(くすのきまさしげ)(1294〜1336)が、その旗に記したという言葉です。

「非(無理)は理(理論・理屈)に勝たず、
理は法(法律・規則)に勝たず、
法は権(権力・権威)に勝たず、
権は天(民の声・人民の声)に勝たず」

この語りに基づいた言葉なのですが、要するに、人事は天の命のままに動くもの、天をあざむくことはできない、ということです。ビジネスにおいて「天」とは、お客様の声ということになります。お客様の立場を判断基準にするべきです。最近は企業活動で、お客様満足度(CS)の向上が大きな要素を占めてきています。最後の"天"は真にお客様の声と置き換えればよいと思います。

☐ 理不尽な要求には事実を示せ

　最近はクレーマー（claimer）といわれる、何にでもケチをつけたり、針小棒大に苦情を言ったりする人がいます。そういうときでも、毅然とした態度で、理論立てて、できることはできる、できないことはできないということが必要であると考えます。「お客様は神様」だからと、なんでも言うことを聞いていてはどうしようもありません。「線を引く」ことが必要です。理屈に合っていないことであれば、拒絶するという選択もできるのです。

　「お客様が来なくなったらどうしよう」と不安になるかもしれませんが、そういったお客様に来てもらってもしょうがないでしょう。サービス業だからといって、右から左に要求を受け入れるのではなく、自分の仕事には誇りを持ち、毅然とした態度で臨みたいものです。

10

報告の3原則

- □ トラブルはすぐ報告せよ
- □ 悪いニュースから報告せよ
- □ うそをつくな

ステップ3 交渉

ヘルスケア製品の会社、ジョンソン・エンド・ジョンソンには、「Our Credo（＝我が信条）」と呼ばれる規範があります。これを全世界約12万8千人の従業員に徹底させています。そこには、株主満足が第一ではなく、顧客満足が第一という企業姿勢がつづられています。

　そのジョンソン・エンド・ジョンソンの元最高顧問、松本晃氏*が、あるセミナーで「Our Credo」の説明をしつつ述べられたのが、この「報告の3原則」です。

　同社では、この3原則を社員に教育しているのだそうです。耳に痛い悪いニュースから報告し、どんな小さなトラブルも必ずトップの耳に入れる。トップは、常に聞き入れる姿勢を持たなければならない。そうすれば、顧客と問題が発生したときでも、トップの判断ですぐに対応して、トラブルシューティング（問題解決策）ができるわけです。

　松本氏は、同じ講演の中で、以下のようなことも述べていました。

　1　Compliance is non-negotiable
　　　（＝法律の遵守は交渉の余地なし）
　2　Gray is Black（＝灰色は黒）
　3　One doller out
　　　（＝1ドルでも会社のお金をごまかせば即クビ）

*現在はカルビー会長兼CEO。

11

ステップ3 交渉

熱意を伝えるための6段階

1 □ 大きな声で話すこと

2 □ 早口で話すこと

3 □ 強調すること

4 □ 間を取ること

5 □ 声に微笑を込めること

6 □ 話し方に変化をつけること

＊アメリカ、カリフォルニア大学ロサンゼルス校の心理学者アルバート・メラビアン（Albert Mehrabian）が提唱した概念。

相手に自分の気持ちを伝えたいという明確な目的があるなら、まず、小さい声では熱意は伝わりません。また、ゆっくり話していては間が抜けてしまいます。熱意を伝えたいのであれば、大きな声で、意図的に少し早口で話しましょう。

「強調する」というのは、例えば、「問題点は三つあります」と言い、「まず一番目は…」というような話し方があります。これは、聞く人に「それは何だろう」という興味や聞く姿勢を準備させます。講演などでもこのような話し方をする人がいますが、そういう人の話は、聞き手を飽きさせることがありません。

「間を取る」ということも重要です。「ここぞ」という話の前に、意図的に数秒ほど黙るのです。すると、気持ちがよそへ逸れていた人も含め、みんながすっと注目してくれます。

そして「声に微笑」についてですが、「メラビアンの法則*」によると、人間の印象は、外見と声のトーンと、すなわち視覚情報と聴覚情報で9割を超えることがわかっています。それを踏まえると、自分の気持ちを相手に伝えるためには、声は重要な要素といえます。

また抑揚、つまり話し方に変化をつけて話すようにしましょう。熱意は必ず伝わります。

12

□ 人の心を読みぬけずに
ビジネスなどできない

ステップ3 交渉

「相手の立場に立ったオファーをする」「お客様満足度を考えて仕事をする」といったことは、すべてこの言葉が関わっています。ビジネスは、win-win（お互いにメリットがある）の関係を築くことが大切といわれます。お互いにメリットになるためには、ビジネスパートナーの気持ちをどれだけ理解できているか、すなわち相手は何を期待し、どうしたいのかが理解できなければビジネスにならないでしょう。

では、どうしたら人の気持ちを読めるでしょうか。それは相手の立場に気を遣い、感謝の気持ちをもって接することだと思います。感謝の気持ちがあれば、謙虚な気持ちで相対することができます。もちろん自分の仕事に自信はなければなりませんが、謙虚さと自信、この二つを意識して心に留めつつ、ビジネスに臨むとうまくいくはずです。

13
□ 人生の勝利者に なりたいと思うなら、 筆まめになることである

　私自身もめったに手紙を書かなくなりましたが、このIT時代にでも、やはり手書きの手紙をもらうとうれしいものです。

　講演活動をしていますと、講演を聴いてくださり、名刺交換した方から、2、3日うちにはがきや手紙をいただくことがあります。とても感じよい印象が残ります。迅速性がありますから、メールでもよいと思います。こういったことを心がけておくと、何かのときに役に立つことでしょう。

　私が以前、教えてもらった、文字をきれいに見せる方法に、ひらがなの大きさを漢字の大きさの半分にするというものがあります。試してみてはいかがでしょう。

14

人を納得させて動かす法

- ☐ 盗人にも五分の理がある
- ☐ 相手に重要感を持たせる
- ☐ 相手の立場に立って考える

これは、「私に『気づき』をくれた本」のコラムでも紹介している、D・カーネギー（Dale Breckenridge Carnegie 1888～1955）の『人を動かす』にあったもので、この中に「人を動かす三原則」としてあげられています。これらの言葉が言わんとするのは、「相手を認める」ということなんです。何か問題が起こったとき、一方的にどちらかが悪いということは少ないでしょう。相手の立場を尊重したり、理解したりする努力が大切です。

　それと同時に、「あなたは大切な人なんです」とか「あなたはなくてはならない人なんです」ということを相手に伝えることが、相手を動かすことになると思います。それが重要感を持たせるということです。相手の立場に立つ、ということも同じです。人は普通、自分はよくて相手が悪いと思いがちですが、自分や相手の立場から距離をおいて、物事を冷静に見てみることが大切ではないかと思います。考え方というものは本当にさまざまあるものですから、相手の都合や考え方も認めることです。

　「相手の立場に立って考える」ということは、当たり前のことではありますが、その当たり前のことがなかなかできない。だからこそ、ときどきこの言葉を思い出していただきたいと思います。

15

関係者間の温度差をなくすために

- ☐ ビジョン提示能力
- ☐ 公平に対応する
- ☐ 社内での人望

この本では、あちこちでリーダーの条件を述べていますが、これもその一つで、関係する人たちの間の温度差を少なくするためのポイントをあげています。

まずビジョン提示能力は、ビジョンを考えて関係者に提示し、充分に説明し、納得させる能力です。「アカウンタビリティー（accountability）」という言葉をよく見聞きしますが、説明責任ということです。これを果たすことが第一です。

「公平さ」は、荻生徂徠（おぎゅうそらい）の言葉の中に、「人は己が嗜好に合するもののみを採用すべからず」というのがあります（113頁）。リーダーはすべての部下とできるだけ間隔を等しく維持することが求められます。人間には好き嫌いがありますから、部下との普段のつき合いから、それこそいっしょに食事をする回数、話す時間などもできるだけ同じようにする努力が必要です。

やはり荻生徂徠の言葉で、「上たる人、下と才知を争うべからず」というのもあります。自分の能力をひけらかさず、部下が自然と「がんばろう」と思える職場をつくっていく。これが「人望」です。丁重さ、素敵な笑顔、謙虚さ、貫禄など、すべてを含めた人間力、徳ですね。しかし「地位が人をつくる」とも言いますから、地位が上がるにつれて、備わっていくかもしれません。

16 □ 人にはじまり、人に終わる

　これにつきます。人がすべてなのです。人間を尊重するということです。昨今、人の存在が軽んぜられている場面が多々あると思います。私はそれは間違っていると思います。やはり、人格や能力をもっと尊重し、活用すべきでしょう。私は講演やセミナーで、全国さまざまな企業や団体の方とおつき合いがありますが、配慮の行き届いた企業もあれば、その反対の会社もあります。会社のカラーがよく出ていると思います。「企業は人なり」、すなわちよい社風作りの重要性を実感します。
　人の質、「人質(ひとしつ)」が業績と結びつくのではないでしょうか。

17

□ 尊敬の心　応援の心　感謝の心

これは、スポーツドクターの辻秀一氏の言葉です。

チームの力を発揮させるために、コーチが選手に対して持っていたほうがいいという三つの心です。今コーチングという言葉がよく使われます。これはスポーツのチームに限らず、仕事のチームのリーダーをはじめ指導者という立場の人などにも、広く使えるものです。

辻氏はまた、「コーチ力の基本」として以下のようにも述べておられます。コーチ（COACH）とは

Comprehension　（理解する力）

Outlook　（見通す力）

Affection　（愛する力）

Character　（人間性を学ぶ力）

Humor　（楽しませる力）

理解されている人はやる気がある、見通されている人は安心する、愛されている人は元気がある、人間性にあふれた人に囲まれた人は育つ、ユーモアのある人といっしょなら人は楽しい。だから、これらの力のある人は、人のためになれるとしています。

18

リーダーとは、

- ☐ **L** isten（聞く能力）
- ☐ **E** xplain（説明能力）
- ☐ **A** ssist（手助け能力）
- ☐ **D** iscuss（話し合う能力）
- ☐ **E** valuate（評価する能力）
- ☐ **R** esponsibility（責任能力）

これは、理想の leader（リーダー）像を、そのスペルを使って表したものです。

Listen は、聞くこと。聞き上手であれということです。「口一つで耳二つ」と言いますが、一つ言ったら二つ聞けという意味です。特に上に立つ人は、部下の話を最後まで聞く努力をしなければなりません。

Explain は、説明すること。説明能力がある、説明責任があるということです。最近の言葉では、アカウンタビリティー（accountability）。特に新しい経営方針発表などの変換期には、リーダーたる者は、持ち時間の半分以上を割いて、関係者や部下への説明に費やすべきだといわれています。

Assist とは手助けすること。部下に命令をするのではなく、仕事を手助けしてやるということです。手を差し伸べて、その部下の潜在能力を引き出すのです。

Discuss は、納得するまでとことん話し合うことが大切です。相手の意見に耳を傾けることが大事です。

Evaluate は、評価すること。公平な評価を心がけることです。

Responsibility は、責任。ひとたび事が起こったとき、部下や他の部署に責任を転嫁するようなことがあってはなりません。

19

リーダーに求められる三要素

- ☐ 人事の公正
- ☐ マイナス情報の重視
- ☐ 部下の意見を最後まで聞く

リーダーのすべきことは多岐に渡ります。その中でも、「人事の公正」はとても大切です。だれが見ても納得する人事はありえないと思いますが、多くの人が納得することが必要です。その基本は、社内に「閥」をつくらないことです。

　本田宗一郎氏は、「わが社の閥はただ一つ、小学校閥だ」と言いました。氏は、会社にとって最も悪いことは学校閥、出身閥などの閥だと考えていました。そもそも企業の崩壊は、内部からはじまります。その多くが派閥の力学によるのです。

　「マイナス情報の重視」は、「報告の３原則」(118頁)で述べたように、悪いニュースから先に聞こうという度量が、リーダーには求められます。

　そして、優秀なリーダーは人の話の腰を折らないものです。「部下の話を最後まで聞く」のです。リーダーが、自分の意見や質問を最後まで聞いてくれれば、部下の満足度はものすごく上がります。ちょっと元気のいい上司は、なかなかこれができません。逆に命令や主張ばかりを聞かされる部下はうんざりし、表面では服従しているように見せかけて、裏ではそむくようなこと（面従腹背）になりがちです。ぜひ注意したいものです。

20 良い組織のリーダーは、少数の秀才を作り上げることよりも、凡人に凡人以上の力をつけさせることに全力を尽くす

3:4:3という色分けがあります。10人中3人が優秀で、4人がまあまあ、3人が使えない、というものです。では、三つのグループのトップだけを集めたら全員優秀かというと、そうではありません。そのグループの中で、また3:4:3という比率に分かれるのだそうです。

ですから、中の4と下の3の部分のレベルアップを図れば、自動的に上もレベルが上がり、全体が向上するわけです。そのためには、まずその人たちのやる気を引き出すことです。励ましたり、やりたいことを聞いてやらせるなどして、緊張感（テンション）の高いチームをつくるのです。ここでリーダーとして心がけておかなければならないことは、すべての部下や上司と同じ距離を保つことです。ヒューマンリソース（人的資源）は社員の潜在能力の発掘であると考えます。

21

☐ 指導者はろうそくの火：
周りを明るく照らすが、
自分の身を減らし、
燃えつくす

　これは、経済小説や経済人の伝記小説を残した故・城山三郎氏（1927～2007）の言葉です。城山氏は、本田宗一郎、山崎種二、中内功、五島昇等々、数多くの有名な経営者を取り上げた小説を書いています。

　本の中で彼は、自己犠牲がないと指導者というのは務まらないと言っています。一国一城を引っぱり、多数の社員、家族、関係者を幸福に導くためには、当然といえば当然ですが、なかなかできることではないと思います。

　それぞれの立場に必要とされる「使命感」と「義務感」が大切だと思います。もしあなたが上司という立場にあって、部下に対して行き詰まりを感じるときがあったら、この言葉を思い出すと、新しい展望が開けるかもしれません。

22

☐ 失敗を語れば相手は共感する。

共感なくして説得はできない。
リーダーシップを
とっていくには
自分の体験から出た言葉で
語らないと、
人の共感は得られない。
共感がないと
いかなる説得も効かない。
だから私のやり方は
率先垂範(そっせんすいはん)だ。
自分の失敗を語ることで
相手も共感する

これは、アサヒビールの元社長、瀬戸雄三氏（1930〜2013）の言葉です。瀬戸氏は有名な経営者として知られています。
　「失敗を語れば相手は共感する」というのは、D・カーネギーの『人を動かす』（203頁）にある「自分の誤りを認める」という言葉にも通じることです。
　凡人の私には、自分の失敗を語るなどということは、なかなか恥ずかしくてできるものではありません。まして地位が高くなれば、なおのこと難しいものです。
　ですが、卓越したビジネスパーソンは、人心掌握術を心得ています。その一つが自分の失敗を語るということです。相手に同意をさせるためには、あえて自分の失敗も伝えるのです。自分はこういうことで失敗して学んだんだと伝えることで、人の同調や共鳴が得られるのです。

☐ 気くばり、目くばり、心くばり

これは、安岡正篤氏(まさひろ)(1898〜1983)が人間にもっとも大切なものとしてあげた言葉です。

安岡氏は、陽明学者＊であり、東洋思想家でしたが、日本の有力な政治家を含めたリーダーたちに対してさまざまな指導をし、彼らの師匠のような存在としても知られています。

気くばり、目くばり、心くばり、つまりちょっとした配慮や、ちょっとした声かけをするかしないかというのは、紙一重の差と言えます。ですが、それをする人としない人には歴然とした差があると思います。ちょっとドアを押さえてくれたり、おしぼり一つにでも「ありがとう」と言ってくれたりしたら、やっぱり気持ちがいいですよね。

＊中国の明(みん)代に王陽明(1472〜1528)が唱えた道徳倫理の再生を目指した学問。

24 下三日にして上を知り、上三年にして下を知る

「下三日にして上を知り」は、部下は上司のことを3日もあれば全部お見通しだということです。

部下は常に上司の言動や行動を見ているものです。上に立つ人はそのことを自覚して、公私混同の戒めや率先垂範や言行一致を心がけなければなりません。フランス語を語源とする「Noblesse oblige（位高ければ徳高きを要す）」を心にとめておくべきでしょう。

一方、「上三年にして下を知る」は、上司は部下に対する判断を簡単にしてはいけないということです。「あいつはできる、あいつはできない」と安易に色分けをする人がいますが、現実は単純なものではありません。

1972年、ウルグアイのラグビーチームの乗った飛行機が、アンデス山中に墜落しました。死んだ仲間の人肉を食べて生き長らえたというショッキングなできごとで、『アライブ―生還者―』という映画にもなりました。その非常時に見事なリーダーシップを発揮し、何人かを生還に導いたのは、キャプテンではなく、チームの中ではお呼びでなかったような一選手だったそうです。

25

- ☐ 部下を非難することはたやすい
- ☐ 部下を褒めることもたやすい
- ☐ 難しいのは、
  部下に耐えることである

「いかなることも、自分の身にふりかかることは、すべて自分に原因がある」という私自身の「原因自分論」からすると、安易に部下を非難するのはいかがかと思いますが、よくあることです。でも、部下を非難しているだけでは、いい成果にはつながらないと思います。

　それに対して、褒めるのは大事なことです。人を動かすための基本的なことは、相手の存在価値を認めて褒めることです。褒められた相手は喜んで、また成果を上げようとがんばります。

　最後の「部下に耐えることである」というのが、なかなかおもしろいですね。

　部下は上司を選べないけれど、上司は部下を選べます。それだけに、人事権のある人間は、できない部下を簡単に異動させてはいけません。潜在能力を高める努力をしたか、適材適所であったかというようなことをよく考える必要があります。優秀な部下を育てようと思ったら短期的に評価を下さず、耐えるということも大事なのです。

　この「扱い方」は、子育てにもつながる気がします。叱ることより、褒めることより、手出し口出しをせずに見守ることがいちばん難しいのではないでしょうか。

26 優秀な人材を育てる3R法

- ☐ **Reasonable**（リーゾナブル）
  ### 理論立てて
- ☐ **Repeat**（リピート）
  ### 何回も繰り返して
- ☐ **Refine**（リファイン）
  ### 完成度を増す

ステップ3 交渉

レベルを上げるための、物事の進行方法のサークル

まずはじめは見る（See）。「×5」というのは、何度も繰り返し見るということを表す。次に繰り返し考える（Think）。そして達成可能な目標を決め（Target）、計画し（Plan）、実行に移す（Do）。実行したら、計画・実行が正しかったかを確認する（Check）。確認後、次の行動に移す（Action）。再び、よく見る……。と続け、レベルを上げていく。

ここでは Reasonable を「理論立てて」と訳していますが、そう小難しいことではなく、「まとも」とか「納得がいく」程度のことだと思います。相手を納得させるためには話術がものをいうのでしょうね。説得力のある人というのは、相手にイエスと言わせる能力があるのだと思います。聞き手を魅了するスピーチ上手のケネディー元大統領やオバマ現大統領などが、その代表格ではないでしょうか。

　そして相手が、理解して、納得して、共鳴して、行動して、着手し、成果を出すまで、何度でも何度でも繰り返し話す。これが、人材を育てるための上司の責任なのです。

　Refine というのは、常に見直して完成度を高めることです。そのためには、前頁の図、STTPDCA（See → Think → Target → Plan → Do → Check → Action）を回すことです。

　物事をよく見て、よく考えて、目標設定して、計画して、実行して、その成果をとことんチェックして、次の行動に移る。レベルが上がらないというのは、こういうチェックが充分になされていないということです。STTPDCA を回すことで、次の段階へのレベルアップが可能となるのです。

27

☐ 協力体制を整える 知他力

　ベアリングの製造メーカー、NTN株式会社会長、鈴木泰信氏の話を伺って、なるほどと思った言葉です。「他人の実力を知り、その力を借り」「他人からいっしょに仕事をしたいと思わせ」て、協力体制を強化するということです。そのためには鈴木氏は、営業部内の国内、海外の部門の壁を破る、さらには営業部と技術部の組織の壁すらも破り、組織全体の中で流動的に動けるようにするとよい、と言っています。確かに、所属の違う人たちの力をよく知ることができれば、相互の協力体制も整いやすくなるでしょう。同じフロアで働くことも壁を低くする一歩です。

　「この人といっしょに仕事がしたい」と思ってもらうには、現場の人間にもわかりやすい施策を提案し、理解を得るように努めることです。それが、他人の力を自分に引き寄せるような強いリーダーシップにもつながると思います。

28

☐ 話しかけを心がけよ

　人間関係を築くうえで、基本中の基本です。自分から動き、情報を集めるためには必要なことです。最近いわれる「質問力」は、この話しかけに通じるのかもしれません。特に仕事上の人間関係、部下との関係をうまくいかせるには、目標の設定に参画してもらい、納得してもらい、共鳴してもらって権限を与えるという手順を踏むことが大切です。それが「話しかけ」なのではないでしょうか。こういったことがスムーズにできるよう、話しかける努力をし、コミュニケーション能力を高めていってもらいたいと思います。

　「気にかけ、声かけ、橋をかけ」のように、コミュニケーションを築いていくとよいと思います。

29
☐ 人に対して本物の関心を持て。彼らのすぐれた特性を見つけてそれを褒めること

ホンダの創始者、本田宗一郎氏は、「人間に差はない。あるのは違いだけだ」と言っています。「差」というのは、人間を上下関係でとらえ、できる人、できない人に区別することで生じます。しかし、人間を横の関係でとらえてみれば、すべての人はある分野では得意、またある分野では不得意があるという「違い」があるだけだということがわかります。

その「違い」は、部下を持つ人は特に注意しておいたほうがよいと考えます。部下に対して本物の関心を持つことによって、はじめて見出すことができるのです。

それが見出せたら、その人の得意な分野について心の底から褒めることです。それが、石を磨いて玉(ぎょく)にする秘訣といえましょう。

「天は二物を与えず」の言葉どおり、だれでも得意分野があると思います。

30

☐ 言葉の効果を忘れるな。褒める効果の大きさを知れ

　人間は褒めることによって、潜在能力をさらに発揮することができます。褒める努力を意識的にすることが肝心です。しかし実際、上司から褒められるということはあまりないと思います。部下を一言褒める、それによってチームは非常に活性化するのです。

　私がホンダの輸入車部長をしていたころ、「輸入車ニュース」という5日に1回のニューズレターを作っていたのですが、あるとき、当時の副社長に廊下で呼び止められ、「佐藤さん、あの『輸入車ニュース』いいねぇ」と言われたんです。副社長は見てくれているんだなと思い、声をかけてもらったことがたいへんうれしかったのを覚えています。

　意識的に人を褒めてください。人はきっとついてきてくれます。褒められて気分の悪くなる人はいないのですから。

31
□ 人を非難するな。意見は婉曲（えんきょく）に言え

　D・カーネギー著『人を動かす』(203頁) の中にある、「人を説得する十二原則」によると、「(相手の) 誤りを指摘しない」。加えて「(自分の) 誤りを認める」とあります。もちろん、その場の状況によるでしょうが……。

　非難されて、がんばろうという人はなかなかいません。人というのは、褒められてはじめて動くのです。だから、相手に対して「君は間違っている」と、直接言うのではなく、「それはちょっと違う見方もあるのではないか？」と言うほうが、大人らしい態度ではないかと思います。ビジネスの世界では「単刀直入」という言葉がよく使われますが、そうしないほうがよい場合もあるのではないかと思います。もし相手を自分の意見に従わせようと思ったら、相手の誤りは指摘せずに、自分の誤りは認めることのほうがきっと効果があるでしょう。

　逆に、褒める場合、本人に直接言うより、間接的に伝わるほうがよいようです。人を経由して褒めるのが褒め上手であり、より効果があるといわれます。

32

□ 人前で褒め、隠れて叱る

　人を奨励するということについて、dry incentive（乾いた奨励）と wet incentive（湿った奨励）という二つの考え方があります。前者は、端的にいえばお金です。がんばったらお金をあげるのです。しかし、すでに社会的地位の高い人は、お金でやる気を起こさせることにあまり効果はないといわれています。そこで、wet incentive、具体的にいえば彼、彼女の名誉やプライドをくすぐるのです。

　この言葉にも通じることですが、人前で、大勢の面前で褒められるというのは、とても名誉を高められたと感じるものです。「また、がんばろう」という気が起こります。

　逆に、人前で叱られたり注意を受けたりすると、恥をかかされたという思いが残ります。ですから、人を叱るときは、ほかにだれもいないときにしなければなりません。褒めるときは人前で、叱るときは一対一で、です。

33

□ 叱る。激しく、短く、たまに

　上司というものは、部下を叱るときもあると思います。この言葉は、そんな上司のために役立ちます。この言葉を生かしているのといないのとでは、部下を動かすことにおいて、大きな差があると思います。
　とにかく、だらだらといつまでも叱ってはいけません。
　私は、普段は「〜したほうがいいよ」という言い方をしていますが、それでも時には激しい口調で怒ります。
　部下に対して、こまごまと小言を言わない、めったに怒らない人が怒ってこそ、効きめがあるのではないでしょうか。
　この言葉は、また親の子どもに対する叱り方にも使えそうですね。「三つ叱って五つ褒め、七つ教えて子は育つ」というのですから。

34 人を信じなさい。
しかし、人の行為を
信じきることは危険です

　新聞等で不祥事の記事を多く読みますが、会社で不正をする人の多くは、社長や上司がいちばん信頼している人物です。社長の右腕となっている人ですね。もし社長がその人を疑っていれば、異動するなどの措置がとれますが、まったく疑っていないから、好きなようにさせてしまいます。

　人間というのは弱いものですから、ふと出来心が起きたときに、それを許す環境にあれば、不正を働くこともあるでしょう。ですから、どんなに信じている人に対してでも、ときには少し距離をおいてその人の行為を冷静に見るということが必要です。そうすれば、信じている人の出来心を未然に防ぐことができるでしょう。具体的には牽制システム(チェック機能システム)の導入は、防止策の一つとなります。

35

☐ 嫌いな人も使うのが上の器量

　普通は相性のよい人と仕事をしたいでしょう。「コンビの妙」というのは、確かにあると思います。しかし、相性のよくない人との仕事がうまくいく場合も多いのです。合う人とばかりいっしょにいると、その人の意見しか耳に入ってきません。その結果、派閥ができます。派閥が大きくなると、声の大きさに少数の人間の声が消され、公平な判断ができなくなります。江戸中期の儒学者、荻生徂徠（おぎゅうそらい）は、「己が嗜好に合するもののみを採用すべからず」と言い、さらに「人材は必ず一癖あるものなり。之器なり。器ならざるは用うるに足らず」と言いました。

　私は会社経営に携わるようになって、すべての社員と等間隔で接しようと決めました。部下との関係はすべて公平に。これが仕事での判断を誤らない一つのポイントでもあると思います。

36

□ 誤解は必ず起こると知れ

　誤解を前提としてコミュニケーション能力を高めると、誤解どころか理解してもらいやすくなり、周囲の協力が得られやすくなります。

　たとえば、友人関係は努力しないと維持できません。恋愛関係も同様だと思います。一方のせいにして、相手が自分をわかってくれない、誤解している、などというのは、お互いに理解しようとする努力が足りないからではないでしょうか。私は、双方の問題だと思います。

　誤解は人間社会では起こる可能性がある、いや絶対に起こるのだと前提したうえで相手とつき合うようにすると、いさかいなど起こりにくくなることでしょう。自分や相手に対する誤解を神経質にとらえず、それはいつでも起こりうることとして構えてことを進めれば、小さな行き違いのうちに正すことができます。

37

□ 人を動かす方法は
ただ一つと知れ

ステップ3 交渉

　人を動かす方法とは、何でしょう。私は、経営に携わった経験から、「信頼して任せる」ことではないかと思っています。人間は、信頼されたときにもっとも実力を発揮できるといわれます。

　以前、先輩からこんなことを聞きました。上司から命令されてやる仕事の成果を1とすると、きちんと納得したうえでする仕事の成果は1.6（命令の1.6倍）。さらに自主的にする仕事の成果は1.6の2乗（命令の2.56倍）となるというのです。部下が自主的に仕事をする環境づくりをすることが、上司の努めであると思われます。

38

□ 部下に意思決定をさせよ。
部下のしたことの責任をとれ

　部下を育てるには、部下に考えさせるということが大切です。「それはあなたが決めてください」と言うことで、言われた部下は責任を感じます。上司がすべてを決めてしまったら、何かあったらすぐに上司に判断を仰ぐようになってしまうことでしょう。それは「つなぎの経営」「指示待ち」です。課長が決められないから部長へ案件をもっていき、部長が決められないから取締役へもっていく……というように、誰も決められなくなってしまう。部下を育てるには、リーダーは意識して部下に意思決定をさせるように仕向けなくてはなりません。「決める」ことが大切です。場合によっては間違うこともあるでしょう。しかし、部下のしたことは上司の責任であることは、忘れてはなりません。上司はそれ相応の覚悟を決めて、部下に任せるのです。

39

- [ ] やってみせて、言って聞かせて、させてみて、褒めてやらねば人は動かず

- [ ] 話し合い、耳を傾け、承認し、任せてやらねば、人は育たず

- [ ] やっている、姿を感謝で見守って、信頼せねば、人は実らず

「人の動かし方をどうしていましたか?」と、講演でよく聞かれます。そのとき私は、いつもこの言葉を例に答えています。

この名言を残したのは、軍人の山本五十六(いそろく)(1884〜1943)です。

氏は、大日本帝国の海軍連合艦隊司令長官、元帥海軍大将でした。

まさに、人使いの要諦と言えます。自ら率先垂範(そっせんすいはん)した上で、「きみ、やってみて。あっ、うまくできたね。また頼むよ」といった具合なのでしょう。さすがに元帥になった人は、人の使い方が巧みだったのですね。

また、相手を"にこぽん"という言葉で実践した政治家がいました。明治後期の首相、桂太郎(1848〜1913)です。ニコニコして相手の肩をぽんとたたき、親しそうに打ち解けて人を懐柔する手法です。人と会う機会の多い政治家ならではの、接し方ですね。

親しく相手の肩をたたくのは、同性であれば問題にはならないでしょうが、異性ではセクシャル・ハラスメントに気をつけましょう。

感性を高める10か条

コラム

① ☐ 自然の摂理に逆らわないこと
② ☐ よい環境の中で感動を味わうこと
③ ☐ 末端、現場を知ろうとすること
④ ☐ 快、不快の印象を大切にすること
⑤ ☐ 自分と違う立場の人の存在を知り、認めること

⑥ ☐ いつもと違う環境に身を置いてみること
⑦ ☐ 歴史を振り返ること
⑧ ☐ 古典を学ぶこと
⑨ ☐ 素朴な興味、関心、好奇心を持つこと
⑩ ☐ 静かに自分を見つめなおすこと

人を観察し、人に近づく
私の7段階プラン

① □ 積極的に聞く
② □ 積極的に観察する
③ □ あまり自分からしゃべらない
④ □ 第一印象を見直す
⑤ □ 学んだことは時間をかけて生かす
⑥ □ 慎重になる
⑦ □ 距離をおく

マーク・H・マコーマック著『ハーバードでは教えない実践経営学』より

実用文十訓
(花森安治*)

① □ やさしい言葉で書く
② □ 外来語を避ける
③ □ 目に見えるように表現する
④ □ 短く書く
⑤ □ 余韻を残す

⑥ □ 大事なことは繰り返す
⑦ □ 頭でなく、心に訴える
⑧ □ 説得しようとしない
　　～理詰めで話をすすめない
⑨ □ 自己満足をしない
⑩ □ 一人の為に書く

*花森安治（1911～1978）
編集者、グラフィックデザイナー、ジャーナリスト。
雑誌『暮らしの手帖』を創刊。

ステップ 4

評価

内省のときをもって、人は成長する。

当初の目標を果たせたか、
一度立ち止まって自分を振り返ろう。

進化・成長を確実なものにするための
判断材料とは何か。

1 □ 丸くともひと角あれ

　兼松江商（現兼松株式会社）の、当時会長職にあった鈴木英夫氏の言葉を書きとめたものです。「角」とは、何か光るもの、抜きん出ていることであると思います。「これをやらせたら、彼はピカイチだ」というふうに。穏やかな人柄ではあっても、何か一つ、これだけはだれにも負けないというものを作る。そのために努力をする。そういう人を、企業は求めているのではないでしょうか。

2
□ 一日三省

　反省をしたり、距離をおいて冷静に自分を見たり、考え直してみたり、ということは、なかなか難しいことです。そこでいつも、この言葉を胸にとめておいてはいかがでしょう。たとえば人に言いすぎたり、強制しすぎたり、自己主張が強すぎたときなど、それを振り返って、翌日「昨日はきついことを言ってごめんね」と、ちょっと謝るだけで、穏やかな人間関係が保てるのではないでしょうか。

　特に自信家は、そうでない人より反省する機会が少ないように思えます。地位の高い人もそうですね。日常生活でも会社でも、周囲がハイハイと従うわけですから。

　何を隠そう、私はそんな自分を顧みて、「ああ、これはいい言葉だ。私に最も必要な言葉だ』と思ったものです。どんなことでも、見方によって様子が異なると思います。自分が常に正しく、他人が間違っていると決めつけないで、1日に3回くらい、自分を振り返る気持ちが持てれば最高です。1日が終わり、夜寝る前など、テレビを消して三省するのもオツなものです。

3

☐ 感性とは、現在から将来への認識能力、目的選択能力、そして決断力の合計

　セゾングループの元オーナー、堤清二氏の言葉です。感性というのは、人間に与えられた重要な能力であると考えます。物事をどう見て、何を感じ、何を得て、どう行動するのかといった、すべてに関わっています。感性がある人には未来があります。一つのことを考えたとき、どのように展開されるか可能性を考え、それを元にどの方向に進むのかを選択し、選択に従って決定、行動をします。

　感性は生まれながらの資質もあるでしょうが、自己研鑽によって磨かれます。自己研鑽とは、物事に対する関心、未知のものに対する探究心や好奇心、困難なものに挑戦する気持ちなどを常に持ち続けることです。情報のアンテナ、心のアンテナを働かせることなのです。

4

☐ 真剣だと知恵が出る。
☐ 中途半端だと愚痴が出る。
☐ いい加減だと言い訳ばかり

　これは、ある飲み屋のトイレにかかっていた言葉です。なるほどと思って、メモをしました。

　サラリーパーソンが言い訳を言ったり、飲んで会社や上司の愚痴を言ったりというのは、よくあることですよね。私もけっこう愚痴ったり、批判ばかりしていた時期がありました。ストレスを発散するには、それはそれでいいのかもしれません。

　でもやはりそればかりでは、何も生まれないと思います。前向きなこと、建設的なことは何もないのですから。ですから、そういう言葉をできるだけ発しないように、自らをもっていくことが大切ではないでしょうか。愚痴の代わりに知恵を出すには、真剣に考え抜くことだと知りました。知恵が出ないのは真剣に考え、対応しないからでしょう。

5

自らを成長発展させたい人に求められる三力

- ☐ 先見力
- ☐ 決断力
- ☐ 実行力

先を見て、決断し、実行していく能力、これが備われば人生は前途洋々だと思います。ビジネスパーソンだろうと、学生だろうと、家庭の主婦だろうと、どんな立場にあっても、「自分をもっと伸ばしたい」と思う人は、これを心がけることをおすすめします。

　決断力や実行力も大切なことではありますが、やはりこの中で努力が必要なのは、先見力をいかに自分の中に育てるか、ということではないでしょうか。

　スズキは今、世界有数の自動車生産台数を誇る会社にまで成長しましたが、それを実現したのは30年以上も前に経営決定したインド進出でした。まだBRICs（ブラジル、ロシア、インド、中国）という言葉もなかった時代のことです。現在インドでは、販売台数の4割近くがスズキの自動車です。これは、ひとえに鈴木修氏の「先見力」「決断力」の賜物と言えましょう。

　先見力とは、洞察力があってこそのものです。では、その洞察力は、どうしたら身につくのでしょうか。

　まずは、現状に対して満足しないことです。それなりに不満がなくても、「これでいい」と思わないことです。物事をいろいろな角度から見る「癖」も大切だと思います。そこから問題意識が生まれ、その問題を解決していく中で、洞察力が高められていくのでしょう。

6 V.S.O.P

- ☐ **V** itality 活力、やる気がある
- ☐ **S** peciality 特色がある
- ☐ **O** riginality 創造性がある
- ☐ **P** ersonality 人格性が豊か

　ＶＳＯＰとは、ブランデーに見られる文字ですね。調べてみると、「Very Superior Old Pale」とあります。とても古い（酒齢18〜25年）、すぐれたブランデーのことだそうです。それを拝借した頭文字で、求められる人間像を表しています。豊かな人格、創造性も豊かで人と違う生き方をし、しかも活力にあふれている……私もこういう人間になりたいと思います。

　Ｖ．Ｓ．Ｏ．Ｐ．は、値打ちのあるブランデーですが、こんな人間もまた、非常に価値のある生き方をしているのではないでしょうか。これは決して特別な人にしかできない生き方ではありません。特別の人なんていないんです。普通の人より、ほんのちょっとがんばればいいだけなんです。だれも同じようにチャンスがあります。要は気持ちの持ち方と行動力なんです。

7 5rich（5つの豊かさ）
1 □ Health rich
2 □ Heart rich
3 □ Hobby rich
4 □ Friend rich
5 □ Money rich

　この五つのrichがあると、人生は豊かになるでしょうね。

　この中でいちばん大切なことといえば、なんと言ってもやはりhealth rich、健康でしょう。

　次が、heart rich、心の豊かさです。つまり、心に余裕があるとか、人を手助けしようと思うとか、そういうことです。電車でお年寄りに席を譲るなどというのは、やはり心の豊かさだと思います。

　3番目と4番目に、hobby richとfriend richが来るように思います。利害関係のない友だちを持って、趣味を楽しむというのも、人生を楽しくします。

　そして最後がmoney rich。お金の豊かさ。お金がないというのはさびしいものですから、プラスアルファ程度のお金があれば理想的だなと、私は思います。

8

□ 自分がいなければ、と思うのは独善である

財閥時代の住友、最後の総理事である古田俊之助氏（1886〜1953）の言葉です。「自分がいなければ……」と思いがちなのは、うまくいっている人や人より出世している人、さらには自己主張の強い人など、唯我独尊とも感じ取れるような態度の人です。確かに、仕事で実績を上げられたのはその人の能力かもしれない。けれど、ほかの人がしていたらもっと成績がよかったかもしれません。たまたま巡り合わせでよい結果が上げられたのかもしれない。いずれにせよ、多くの人の助けがあった結果ではないでしょうか。そんな風に冷静に物事をとらえることが必要ではないでしょうか。そのようにしていれば、自分が現役を退くのに最適な時期も見えてくるのではないかと思います。経営のトップは、自分が前任から"たすき"を受けた駅伝のランナーです。倒れる前に"たすき"を後任に手渡すことが大切かもしれません。

9

□ 得意冷然 失意泰然
（とくいれいぜん しついたいぜん）

　人間というものは、波に乗っているときは態度が大きくなりがちですが、調子がいいときこそ滑りやすいものです。そういうときは、姿勢を低くして風当たりが強くなるのを避けるとよいのです。冷然は平然としたさまです。物事を大きく見てゆったりと構え、小さなことで一喜一憂しないこと。逆に失意のときでも落ち着いて動じない姿でいるのです。そうすることでいろいろなことが見え、わかるのだという戒めの言葉であると、解釈しています。

10 成功は次の成功への最大の敵、失敗は最大の味方

　タイのバンコクでホンダの乗用車の現地販売会社の社長をしていたときのことです。あるとき、車のボディーカラー（車体色）を決めることになりました。私はだれにも相談せず、自分の好みの赤色を入れるように指示しました。ほかに4色ほど出したのですが、結果はみごとにその赤色がいちばん売れませんでした。

　Think globally, act locally（＝世界的に考えて、その地域に即した行動をせよ）という言葉があります。国際ビジネスパーソンの鉄則と言われています。現地でかなりの上昇気流に乗っていた私は、すっかりこの言葉を忘れていました。

　成功に酔ってはいけません。どんな状況であろうと常に気を引き締めてかからなければ、次の成功はないと思います。失敗から学ぶこともたくさんあります。それを次の成功につなげるのです。学習経験をうまく生かすと必ずレベルアップができるのです。

11 一歩先の大切さ

**百歩先が見えるものは
狂人扱いされ、
五十歩先が見えるものは
多く犠牲者となり、
一歩先が見えるものは成功者で、
現在の見えぬものは落伍者である**

　これは、小林一三氏(いちぞう)（1873～1957）の言葉です。小林氏は、阪急電鉄、東宝映画などを創立した実業家であり、商工相、国務相を務めた政治家でもありました。

　宅急便のヤマト運輸は、一歩先を行く経営姿勢を貫き、常に業界をリードしています。クール宅急便やゴルフ・スキーバッグ、時間指定等々、「一歩先が見える成功者」と言えましょう。

　私は、ホンダカーズタイランドの社長時代、社員向けに 10 日に一度「A STEP AHEAD（一歩前）」と名づけたニューズレターを発行していました。自社のみならず関係者全員の成功を願ってつけました。この小林氏の言葉からヒントをいただいたことは言うまでもありません。

12 □ 未来への変化をつかめ

　私がつくづく思うことは、世の中の変化に対応できるか否かが、うまくいくかどうかの分岐点となる、ということです。それは自分がどれだけ変われるか、ということでもあると思います。世の中の価値感や評価は常に変わっています。その変化に自分を合わせていく、調整していく能力が求められていると思います。

　お茶や水が飲料として商品になるとは、その昔、だれも考えませんでした。またインターネットにしても、今や情報取得からコミュニケーションまで、なくてはならない道具です。「できません」と言ってしまったら、時代から取り残されてしまうことでしょう。若者だけでなく高齢者も、変化に対する対応能力を身につけるということが求められているのです。

　人間は保守的ですから、変わるには抵抗感もあることでしょうが、自らの物事に対する見方を変えていくことが必要なのではないかと考えます。前向きに考え、いい方向に変えていく、ということがポイントでもあります。

13 業績の数字の判断基準
Key
Performance
Indicator

　これは、物事を達成できたときと、できなかったときの判断基準を、数値で明確に設定するということです。

　例えば、K.P.I.を「1分間に100項目の処理」と決めたとします。そこで処理した項目が92だとしたら、「あと8だね」と、だれが見てもその成果がわかりやすくなるでしょう。

　単に、よくやった、よくやらなかった、努力はしました、などと言い立てても、客観的に何もわかりません。

　伸びている企業というのは、K.P.I.が、みんなの頭の中に共通認識としてあるのだと思います。部下への認識の度合いなどが不充分なときも、K.P.I.が明確に"見える化"となっているのか、チームメンバー全員がK.P.I.を理解しているのだろうかと、チェックする必要があります。情報の共有化や判断基準の一つの手段として、K.P.I.は有効だと思います。

14

□ お客様満足度を測る バロメーター

CSI, No.1 ＝お客様満足度 No.1

CSI（お客様満足度）

＝

Concept（コンセプト）

×

Hardware（ハードウェア）

×

Software（ソフトウェア）

CSIとは、Customer Satisfaction Indexの略です。Conceptは概念、Hardwareは商品そのものです。そしてSoftwareは、商品力以外のすべてです。スタッフの接客態度とか言葉遣い、店の醸し出す雰囲気、卓抜なアイデアなど、お客様の視覚、聴覚、感覚に訴えるすべてを指します。

　この三つの要素の総合得点が、お客様の満足度なのです。そして、それがかけ算で計算されるところにポイントがあります。たし算ではないので、一つでもゼロがあったらすべてゼロになってしまいます。

　商品というものは、一度発売したら一定期間は売り続けるのが普通です。すると、何年か経つにつれてその商品力は劣化します。流行遅れになって競争力が下がります。そうしてHardwareが相対的に低くなったときこそ、Softwareを充実させて総合得点を上げるのです。

　このSoftwareの充実は、ベスト(best)でなければなりません。グッド(good)やベター(better)ではいけません。私はそれを超五つ星ホテルで学びました。超五つ星ホテルが五つ星以下のホテルと違うのは、まさにSoftwareの、そこまでするかというほどの妥協のなさでした。そしてもう一つ、お客様とは自分以外のすべての人、と定義づけするとよいと思います。

15

信頼性の3大要素

- ☐ 壊れないこと
   （耐久性）

- ☐ 使いやすいこと
   （設計信頼性）

- ☐ 直しやすいこと
   （保守点検性）

ステップ4 評価

例えば携帯電話を思い浮かべてください。この3大要素について、「なるほど」とお思いになるのではないでしょうか。

　携帯電話のように毎日接するようなものが壊れたら、本当に困ります。壊れないことが信頼性の第一です。

　また、私にとっては、今の携帯電話は複雑怪奇になりすぎて、使わない機能が相当あります。写真は一度も撮ったことがありません。お客様の要求に応じて、高齢者向けや子ども向けの機種もあるようですが、使い勝手が第二です。機種によって充電器がすべて異なるなんて、企業の独断だと思うのは、私だけではないでしょう。

　直しやすいということでは、高級時計を思い出しました。修理に何万円もかかり、期間も長すぎます。これは、とても直しやすいとは言えません。

　ここに示した三つの要素を備えた製品は、お客様に長く使ってもらえるでしょう。それこそ、最近よく見聞きする3Rに貢献できるというものです。「3R」とは、経済産業省によれば、「環境と経済が両立した循環型社会（sustainable）を形成していくためのキーワード」です。Reduce（廃棄物の発生抑制）、Reuse（再使用）、Recycle（再資源化）のことです。いろいろなキャンペーンの成果で、この言葉はかなり浸透してきました。

16

経営における三つの責任

- ☐ 経済的責任
- ☐ 社会的責任
- ☐ 環境に対する責任

『実践　危機管理広報』（時事通信出版局）は、危機管理アドバイザー、田中正博氏の著書です。この本には「会社の責任」というものが記されています。それは、法的な責任、経営責任、管理責任、社会的（環境）責任、道義的責任の五つです。その中で特に経営に関するものとして、前頁の三つを選びました。

　かつて会社というのは、雇用を確保して、儲けて、税金を納めればそれでいい、という風潮がありました。しかし、時代の推移とともに要求される責任が広がり、変化してきました。

　特に現在では、「環境に対する責任」が今までとは比較にならないほど重要視されてきています。工場付近の住民生活への配慮、空気や河川の汚染の問題にはじまり、環境破壊、地球温暖化の対策などの大きな問題にも取り組む必要を迫られています。経営者は、その現実をしっかり受け止めておかなければなりません。

　この田中氏の本には、企業の危機発生時にはマスコミ対応力の適否が決定的な意味合いをもつ、と書かれています。記者会見には社長が一人で出て、すべて一人で質疑応答をするのがいいそうですよ。

17

よい会社の格付け

- ☐ **グッドカンパニー
（よい会社）**

　　　↓

- ☐ **エクセレントカンパニー
（非常にすぐれた会社）**

　　　↓

- ☐ **アドマイヤードカンパニー
（賞賛される会社）**

自分の会社が「グッドカンパニー」と言われたら、それは喜ばしいことです。しかし、それで満足してはいけないと思います。その上には「エクセレントカンパニー」があり、さらにその上には「アドマイヤードカンパニー」があります。

　アドマイヤー (admire) の意味を辞書で調べると、賞賛、嘆賞、感心、敬服、ほれぼれする……などがあげられています。「アドマイヤードカンパニー」というのは、今どきの言葉で表現すると、「あの会社は超すごい！」と世間から賞賛される会社なのです。

　アメリカのケミカル会社3Mには、あるビジョンがあります。それは「To be the most innovative enterprise and the preferred supplier」です。「最も革新的な企業となり、顧客に優先的に選択されるサプライヤーになる」ということです。お客様や業者が「3Mの商品だから買おう」と思ってくれる、そういう会社であろうということで、これも「アドマイヤードカンパニー」を目指していることの表れだと思います。

　企業のトップがビジョン（ものの見方、見通す力）を示し、そのビジョンのもとに、社員がどう考えて行動すれば世間から賞賛される会社になるかを具体化することでもあると思います。

18

HITO（人）

- ☐ **H** umanity　　　　**人間性**
- ☐ **I** nternational　　**国際性**
- ☐ **T** alent　　　　　**素質**
- ☐ **O** rganization　　**組織力**

ここでは、HITO すなわち求められる人間像を四つの単語で表しています。これは、現代のようにインターネットの発達や国際化の波の中でボーダレスになる時代でも、どこへ行っても通じる四つの要素と言うことができましょう。

　人間性は、国籍や宗教、人種や肌の色などが違っても、絶対に相通じるものです。

　国際性について注意しなければならないのは、world standard と international standard を混用しないことです。たとえば、world standard は自国中心、international standard が国際性をもった考えです。国際性とは、異文化を理解する、世界の多様性に溶け込める能力と言えます。生い立ちや考え方、宗教や環境など、違う立場の人間を理解できるということです。

　素質 Talent とは、テレビタレントのことではなく、才能のことです。光る特性です。少しでもいいから、人より造詣の深いものを持っているということです。

　そして組織力ですが、リーダーに求められる、とても大事なことです。混沌とした物事を組織化して、一つの方向に導いていく。そのためには、しっかりした考え方や先見性、説得能力、また最後までやりとげる執念も、リーダーシップに必要なことと言えましょう。

19 日本のことを知らなければ世界のこともわからない

　私は20代前半に世界を無銭旅行しました。滞在先のフィンランドで近くの学校へ行き、持って行ったスライドを使って日本の紹介をしました。そして愕然としました。自分が日本のことを何も知らないということを認識したのです。よく「外国へ出てみて、やっと日本のよさや日本のこと、また日本を知ることの大切さを知った」という人がいますが、私もまさにその一人でした。それ以来、自分の生まれた日本をもっともっと知る努力をしています。

　国際人＝英語ペラペラ、と思われがちですが、とんでもない誤解です。日本人としてのアイデンティティ（identity＝存在証明）をしっかり持って、日本のことをしっかりと理解して説明できる。更に相手を理解尊重する努力をする。それなくしては、世界のことなどわかるはずがありません。

20 豊かさとは、選択の幅の広さである

　豊かさというのは一体何なのでしょう。お金がたくさんあるとか、心にゆとりがあるとか、時間が自由に使えるなど、いろいろなことが浮かびます。

　たとえば、食を考えたとき、今の日本は、世界のありとあらゆる食べ物が選択肢の中に入っています。選択の幅が広がるということ、それ自体が豊かさなんだと気づきました。ですから、この言葉を人生に当てはめるなら、ありとあらゆる面に選択の幅を広げる努力をすればいいのだということです。

　会社人間で仕事のためばかりに生きているというのは、豊かな人生ではないと思います。ほかにも生き方の選択肢はたくさんあるように思えます。この言葉を知っていると、一つのことにしがみついたりはしなくなりますね。

21 運は時でなく、人だといわれる

それぞれの時代がそれぞれに合った人を求めるということです。求める人物が、その時代に出てくるのです。賛否両論があるものの、郵政民営化を推進した小泉純一郎元首相などは、まさにその好例と言えるでしょう。

また、「あの人はついているな」と思われる人は、何をやってもついています。その反対で、ついていない人は、何をやってもついていません。ですから、「運は人につく」のです。

もちろん、何をやってもついている人というのは、何もしないでそうなっているわけではありません。本書のコラムに「つく人の特性」（50頁）というのを載せましたが、運を持っている人間になろうと積極的に思うことは、きっと運を呼び寄せることにつながるのではないでしょうか。

22

□ アンナ（人）とコンナ（人）

　私の手帳には、人生の先達の言葉が書き込まれることがほとんどなのですが、これは珍しく、あるとき自分自身でふと思いついたことです。「あんな人」と「こんな人」。この言葉はどのようなときに使われるでしょう。

　あんな人とは、なにか突き放されたような気がしませんか？　たとえば、信頼していたのに裏切られたというとき、「あんな人」ということがありませんか？　反対に「こんな人なんですよ」というときは、褒められていることが多いような気がするのです。「この人、こんなにすごい人なんですよ」というように。

　私も、人から「こんな人」といわれるような人間になりたいと思っています。

23

精神的に大切なことは

1 □ 生きがいを持つこと
2 □ 何かを続けてやること
3 □ 常にまめであること
4 □ 社会への関心と興味を
　　持ち続けること
5 □ 趣味をたくさん持つこと
6 □ 友人を持つこと
7 □ ユーモアの精神を忘れないこと

生きがいを持つというのは、目標に邁進しているということだと思います。まず目標を設定すれば、それが生きがいにつながると思うのです。続けていくことも大切です。

　まめな人というのは説得力があります。まめであることは人の心を引きつける要素と言えますが、訓練でかなりレベルアップできるものだと思います。

　また趣味について、具体的には四つが理想といわれています。2プラス2です。屋内でする趣味が2、屋外のものが2です。それぞれ一人でするものと多人数でするもの。そういう4種類をミックスした趣味の持ち方が理想です（169頁参照）。

　友人を持つこと。これは、結構努力を要します。会社の同僚などは利害関係がありますから、なかなか真の友人とはなり得ません。利害関係のない友だちをどれだけ持てるかということは、精神的にとても大事なことです。

　最後の「ユーモアの精神を忘れない」というのは、日本人がいちばん苦手なことでしょう。ジョークの本から知識を得て活用するには、心に余裕が必要ですし、何より周囲が、それを受け入れる環境でなければなりませんから。

24

**サミュエル・ウルマン
「青春の詩」より一部抜粋**

□ 青春とは人生のある時期を
言うのでなく、
心の様相を言うのだ、
すぐれた想像力、逞(たくま)しき意思、
炎(も)ゆる情熱、怯懦(きょうだ)を却(しりぞ)ける勇猛心、
安易を振り捨てる冒険心、
こういう様相を青春というのだ。
年を重ねただけで人は老いない。
理想を失ったときに
初めて老いが来る。
歳月は皮膚のしわを増すが、
情熱を失うときに精神はしぼむ。

サミュエル・ウルマン（Samuel Ullman 1840〜1924）はドイツ出身のアメリカの実業家であり、詩人でもあります。この「青春の詩（Youth）」というのは、一時たいへんなブームになったものです。耳慣れない語もありますが、「怯懦」とは、臆病という意味です。

人間は年をとって老いていくものです。しかし、肉体の衰えはしかたないにしても、心や考え方の衰えというものは、ただ年齢のせいなのではないということです。

元気な高齢者というのは、たくさんいます。そういう人たちは、いくつになってもチャレンジングスピリット（挑戦心）を持って、自分のありたい姿ややりたいことなどを見つけ、希望や夢や理想や情熱を忘れていません。

最近は、女子高生などでも「年をとった」と言っている人がいるようですが、いくら年齢が若くても、心や考え方の衰えは物事を下へ転がしていきます。夢や情熱をなくした段階で、その人は精神的に老いているということです。

25 人生をつまらなくするのは自分、人生を楽しくするのも自分である

（同じ仕事をしていても
仕事に対する姿勢と工夫の違いで、
数年後には大きな差となって現れる）

　人生は一回。一回しかありません。一度きりの人生を満足感をもって終わるか、不満のままに終わるのか。いくらお金があっても、人より倍食べることも、寝ることも、生きることもできません。どうせ同じ時間を生きるなら、できる限りおもしろく楽しい人生を送るのが理想ですね。自分が楽しい人生を送れるよう、努力をしなくてはなりません。

　人生を楽しくするには、考え方一つなのです。たとえばコップにお酒が入っているとして、もうこれしかないと思うのか、まだこれだけあると思うのか。考え方一つで、人生はいくらでも豊かになるでしょう。常に意識して、物事を前向きにとらえる努力をすれば、きっと楽しい人生が送れます。

26 人生とは人間が成長する旅である。一級品の人と会うことが大切である。一流といわれる人はそれなりに努力をし、激しい人生の戦いから勝ち取ったものである

『経済界』という雑誌がありますが、これはその編集長をしていた佐藤正忠氏の言葉です。佐藤氏は、仕事がら、超一流の経営者や財界の大どころと、毎日のように接していたと思います。

総じて一流の人間というのは腰が低いものです。高い地位にいて教養があります。ふんぞり返ったり部下にカバンを持たせたりしている人もいますが、威張る人間というのは一流にはなれないという気がします。

ですから、「俺が、俺が」と自分から前に出る人より、コツコツと努力をしていたら周囲から「あの人がいい」と推されるような人。偉くなる一流の人とは、そういうものだと思います。

27

☐ **人生は一度しかなく、意外と短い。イライラ、くよくよするのはばかばかしい。たいがいの人は自分が思っているよりよい人生を送っている。自分は意外といい線をいっていると考えること**

人生が意外と短いということに関連して、こんな言葉があります。

年をとってくると、なぜ1年がだんだん短くなるか知っていますか。

それは、10代は1頭立ての馬車。

30代になったら3頭立ての馬車。50代になったら5頭立ての馬車……。

年をとるにつれて、1年を過ごすスピードが全然違って感じるのは、こういうことのようです。おもしろい表現なので、なんとなく納得させられてしまいます。

笑っても一生、泣いても一生です。

28

□ 人生＝能力 × 熱意 × 考え方

「能力」は努力と置き換えてもいいでしょう。「熱意」は取り組み姿勢です。ハッピーになるのもアンハッピーになるのも「考え方」次第ですね。

これは、人生をかけ算で表しているところがポイントです。かけ算ですから、一つでも０があったら、すべて０となってしまいます。たとえば、政治家がスキャンダルを起こしたとき、たとえどんなに素晴らしい実績を残していても、ちょっとした詰めの甘さで、すべてが台無しになってしまうのです。「築城三年落城三日」です。

またたとえば、2×2×2 = 8 と 4×4×4 = 64 とを比べてもわかるように、一つ一つの数は倍なのに、出た結果の差はそんなものではありません。かけ算の人生は、ほんの少しずつ多いだけで加速的によくなる場合もある一方で、たった一つの０で台無しになるものなのです。

29

□ 自らの棚卸し

　会社では、だいたい年に一回在庫整理をします。これを棚卸しといいますが、人生の棚卸しとは、自分が歩んできた道をときどき立ち止まり、見直して次のステップに生かす、ということです。多くの人は、光陰矢のごとしの言葉どおり、毎日の生活に追われてあっという間に5年、10年と経ち、定年を迎えてしまっているでしょう。

　人生をわざわざ振り返ってみる余裕を持つことは、難しいことだと思います。しかし、人生を豊かに生きるために、ときどき自分を定期的に見直し、必要とあれば軌道修正をすると、ステップアップにつながり、より楽しい人生を送れるのではないかと思います。

　特に会社生活が終わる前に、自らの今までの棚卸しをし、定年後への準備をするのも大事かもしれません。

30

☐ 天命を知る

　私は特定の宗教を信じているわけでもありませんし、運命を信じているわけでもありません。こういう考え方もあるのだな、ということを頭の隅に置いておく、という意味もあって、書き留めておいたものです。自分なりに考える「天命を知る」とは、自分のサラリーマン生活の中で与えられる役割責任、これをまっとうするということです。社会や会社が私に与える役割や境遇、これらを一生懸命、全力をつくしてやり遂げる。逃げないということ。自分にふりかかる火の粉は自分で受け入れ、自分で解決するという考え方。これが私なりに解釈する「天命を知る」ということではないかと思っています。

日建設計を卒業するための60の「力」

[日建設計　日建設計執行役員、日建設計上海董事長*　陸　鐘驍（ロウツォンシヨウ）]

＊董事長とは取締役会会長

(入社) 1年目 ― 5年目：

☐ 基礎力　☐ 理解力　☐ 忍耐力　☐ 行動力

☐ 瞬発力　☐ 観察力　☐ 想像力　☐ 表現力

☐ 情報力　☐ 構想力　☐ 提案力　☐ 挑戦力

☐ 分析力　☐ 即戦力　☐ 適応力

6年目 ― 10年目：

☐ 技術力　☐ 思考力　☐ 精神力　☐ 実践力

☐ 持続力　☐ 洞察力　☐ 創造力　☐ 展開力

☐ 判断力　☐ 認識力　☐ 直観力　☐ 批判力

☐ 突破力　☐ 強調力　☐ 完成力

11年目 ― 15年目：
- □ 管理力　□ 解決力　□ 機動力　□ 遂行力
- □ 速度力　□ 独創力　□ 教育力　□ 統合力
- □ 決断力　□ 発見力　□ 先見力　□ 交渉力
- □ 守備力　□ 対話力　□ 営業力

16年目 ― 未来へ：
- □ 経営力　□ 統率力　□ 動員力　□ 革新力
- □ 競争力　□ 構築力　□ 組織力　□ 人間力
- □ 客観力　□ 選択力　□ 人材力　□ 包容力
- □ 生命力　□ 幸福力　□ 家族力

　これはスカイツリーを設計した(株)日建設計の役員の方が考えられた「60の力」です。許可を得て引用させてもらいました。このような分類項目で自分を分析し、意識的に気をつけたり、見直したり、自分自身の棚卸しをして、新たな挑戦をするのもたいへんよいことだと思います。

私に「気づき」をくれた本

経営者の条件

ピーター・F・ドラッカー著　上田惇生訳　ダイヤモンド社

経営学の創始者であるドラッカーによる書。時間の管理、人間関係ほか、成果を上げるために必要なことがわかりやすく書かれている。経営者のみならず、働く人々すべてに有益。

この本は人をマネジメントする方法ではなく、自らをマネジメントする方法の指南書といえるものです。

上に立つ者の人間学
成功への生き方・考え方とは何か

船井幸雄著　PHP研究所

会社の行く末は経営者が握っている。トップのあるべき姿を、「つきの原理」「包みこみの発想」「時流把握法」を解説しながら、厳しい時代を生き抜くための条件を提示する。

この本は40歳代の前半に読み、今でも強い印象が残っております。特に、つく人の特性10項目はたいへん参考になりました。

商いの心くばり

伊藤雅俊著　講談社文庫

一代でイトーヨーカドーグループを築き上げた、伊藤雅俊氏の商売哲学が詰まった書。売れないときこそ、いつでもお客様に対応できるよう心がけておく、など、やさしい語り口で商売の真髄が説かれる。

これまでの商いに対する私の考えを覆す、厳しい考えが書かれていました(26頁)。「そのように考えればうまくいくのだな」と感じ、この本に書かれていることで、できることからだんだんと実行に移していきました。

人を動かす

D・カーネギー著　山口博訳　創元社

1936年にアメリカ合衆国で初版が発行され、1981年に改訂版がでるまで、世界中で1500万部を売り上げる、世界に誇る大ベストセラー。いつの時代にも変わることない人間関係を形成するのに欠かせない自己啓発書の原点ともいえる書。

この本を読んで、日ごろ自分がしていることと正反対のことが書いてあり、自分がうまくいかない原因がわかった気がしました。目次をコピーしてポケットに入れ、時間を見つけては読み、この本にある言葉を心に刻むようにしました。

おわりに

　ホンダの管理職になってすぐに、タイのホンダの現地法人の社長職に任命されました。これは、ホンダの基本を本田宗一郎氏とともに創られた、希代の名経営者、藤沢武夫氏の唱えられた「四割任命説」ではないかと思っております。
　「四割任命説」とは、能力が要件の半分以下の四割ぐらいでも経験不足で未熟な人間をその地位につけて試すという、たいへんリスクの高い経営決断であります。
　私はホンダの乗用車が売れない中で、「自分の役割とは？」「リーダーシップとは」「マーケティングとは？」「組織を活性化するとは？」「儲けるとは？」等を考えはじめ、「与えられた環境を是として実績を上げること」が私のいちばん大事な「役割責任」ではないかと学びはじめました。そうするといかに自分が、経営やリーダーシップに関して知識を持ち合わせていないかということがわかったのです。まさに努力不足そのものでした。

四割以下の自分をいかに上に上げていくかが「勝負の要」なのでしょう。

そこで、本や新聞をよく読み、人の話を聞き、成功者の哲学を学びはじめました。「知識のない者に知恵は出ず」「企業の業績格差は戦略の格差、戦略の格差は経営者格差、即ち業績格差＝経営者格差」等等、私が知らなかった事柄が本を読めば読むほど出てくるわけです。

先輩諸氏の書かれた本を100冊程読んだときに、それらの本の著者が本を通じて、私に教え示した伝言があります。

すなわち「諸悪の根源は佐藤にあり：すなわちタイでホンダ車が売れない根本的な理由は取り巻く環境でもなく、商品力でもなく、佐藤社長の経営者としての能力、リーダーシップや指導力のなさである」と教えてくれたのでした。

どんな状況でも、できない理由を、景気や取り巻く環境や上司、部下、会社、商品力等のせいにしている限り、絶対に「壁」は超えられないのです。うまくいかないと

きは手鏡で自分自身を見て反省し、再度挑戦すれば、きっと道は開けます。

　いろいろな項目すべてを完璧にできるとは思いませんが、少しでも先達に近づこうとする努力はむだにはなりません。多様化する社会、スピードを増す変化の時代にあっても、昔から変わらない原理原則、物事の真理は存在すると思います。

　本書をお読みいただき、前向き向上心のある貴方の背中を押す事が出来れば幸いです。
　ありがとうございました。

2015 年（平成 27 年）4 月

　　　　　　　　　　　　　　　　佐　藤　　満

佐藤 満（さとう　みつる）

大学卒業後、世界38か国を放浪。商社勤務を経て、31歳で本田技研工業に入社。中南米担当となってブラジルに赴任後、ホンダカーズタイランド社長として、タイでのホンダの乗用車シェアーを約10倍にする。その後、ホンダの販売会社社長、輸入車部長を経て、フォルクスワーゲングループジャパン、日本ゼネラルモーターズ株式会社で社長を歴任。日本、ドイツ、アメリカの大手自動車企業での経験を生かし、社長退任後は累計回数1700回以上の講演、経営診断をこなす。将来の夢は「プロの農夫・養蜂家になること」
http://www.satomitsuru.jp

精撰　社長の手帳

2015年5月31日　第1版第1刷発行
2019年1月31日　第1版第2刷発行

著　者　佐藤 満
発行者　森下紀夫
発行所　論 創 社
　　　　東京都千代田区神田神保町2-23　北井ビル（〒101-0051）
　　　　tel. 03-3264-5254　fax. 03-3264-5232
　　　　web. http://www.ronso.co.jp/
装丁者　宗利淳一
印刷所　中央精版印刷株式会社

■定価はカバーおよび帯に表示してあります。
■万一、乱丁落丁の場合はお取替いたします。

©Sato Mitsuru 2015, Printed in Japan
ISBN978-4-8460-1429-2 C0034